教育心理學奪分寶典

路珈　編著

目　錄

第十三章　教學模式

第十四章　社會心理學

第一章　緒論

緒 論

一、定義

心理學是研究心智活動的科學。

二、心理學的發展史

(一)哲學心理學（Socrates, Plato, Aristotle, Descartes）

　　1.官能心理學（Payne, Wolf, Haven）→理性主義
　　　～以提昇感官的能力，例如記憶、思考、推理等。
　　2.聯想心理學（Hobbes, Locke）→經驗主義
　　　～從個體的行為可聯想到過去的經驗，外界環境會影
　　　　響到個體的行為。

(二)生理學（Darwin）

　　　　透過解剖學實驗方法及物理學來探討人類行為如何
　　受到神經系統的影響。
　　1.Broca提出人類的左腦額葉的細胞區，如受到傷害則會
　　　影響語言的表達，此區域稱為Broca's Area。
　　2.Wernicke則提出左腦顳葉的細胞區，如受到傷害則會影
　　　響語言的理解，此區域稱為Wernicke's Area。

　　◆Wundt受到哲學和生理學的影響，在1879年創立了「心

理學」（Psychology），他被稱為「心理學之父」。

(三)Wundt的實驗心理學

貢獻：
1.1879年成立了世界上第一個心理實驗室，是實驗心理
　學的先驅。
2.世界上第一個採用科學方法進行研究的人（內省法）。
3.1874年出版《生理心理學原理》，使得心理學自生理學
　脫離，成為一個獨立的學科。

◆科學的特性：
　1.實驗性：科學研究的結果，或根據研究所建立的科
　　　　　　學理論，是可以驗證的。
　2.客觀性：可用數據代表
　　　　　　客觀即不能憑研究者個人主觀意見改變既定
　　　　　　準則，不能按研究者個人好惡隨意曲解事
　　　　　　實。
　3.系統性：科學研究必須遵循一定的程序：
　　　　　　界定問題
　　　　　　　↓
　　　　　　文獻探討（蒐集資料）
　　　　　　　↓
　　　　　　形成假設
　　　　　　　↓
　　　　　　研究設計　(1)資料蒐集方式　(2)統計方法
　　　　　　　↓
　　　　　　進行研究
　　　　　　　↓

統計分析
↓
結論和建議

(四)Tichner的結構學派

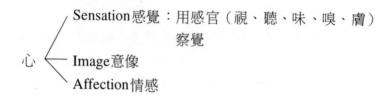

心 ⟨ Sensation感覺：用感官（視、聽、味、嗅、膚）
察覺
Image意像
Affection情感

(五)功能學派

1.William James：

第一個研究自我的人，著作有《自我心理學》。

自我 ⟨ 物質我：財富、衣服……
精神我：情操、價值觀
社會我：與人交往所表現的我

Dewey：

⑴第一個提出做中學（Learning by Doing）的人。

⑵學生是教學活動的主體。

⑶學校生活重要於未來生活的準備。

⑷由求知、學習之中獲得快樂、獲得成長（教育無目的）。

(六)完形學派（Gestalt）：整體大於部分之和。

三、心理學五大學派

　　心理學的五大學派如下：(1)神經生物學派；(2)心理分析學派；(3)行為學派；(4)認知學派；(5)人本主義學派。

(一)神經生物學派：

1.Sheldon ┬ 圓潤型
　　　　　├ 健美型
　　　　　└ 瘦弱型

2.Lombroso：生理特徵反應出個人的行為表現。
Broca：布氏語言區
Wernicke：威氏語言區

(二)心理分析學派（心理動力學派；精神分析學派）

　　Freud泛性論（所有行為和性有關）重點如下：

1.人有兩個內在動力（驅動行為）而本能是行為的原動力。

本能 ┬ 求生──性本能
　　 └ 避死──攻擊本能

2.意識 ┬ 意識（為個體所查覺）
　　　 ├ 前意識（經常為個體故意遺忘）
　　　 └ 潛意識（潛藏不為個體所察覺、往往主導人的行為）

3.人格＝我 ┬ 本我（Id）：本能的我～追求性滿足的我，依循享樂原則（Pleasure principle）
　　　　　 ├ 自我（Ego）：協調Id和Super Ego，依循現實原則（reality principle）
　　　　　 └ 超我（Super Ego）：是非對錯好壞的判

　　　　　斷，依循道德原則（morality principle）

4. 人格發展（性心理發展）

Age	Stage	對象	固著（太滿足or不滿足）	特徵
0～1	口腔期	口腔	口腔性格	1. 貪心 2. 依賴 3. 攻擊
1～3	肛門期	肛門	肛門性格	1. 吝嗇 2. 頑固 3. 潔僻
3～6	性器期	性器	男：戀母情結（Oedipal Complex）和閹割恐懼 女：戀父情結	
6～12	潛伏期	同性		
12↑	兩性期	異性		

＊攻擊：1. 本能　2. 童年經驗的影響

5. 防衛機轉（Defense Mechanism）或防衛作用：本我和超我有所衝突，對立引起焦慮，為了降低焦慮，所採取的行為稱之。

種類：

(1) 攻擊作用。

(2) 替代性作用（無魚蝦也好）。

(3) 合理化作用（自圓其說）。

(4) 昇華作用（化悲憤為力量）。

(5) 投射作用（將慾念表現在所說的話或別人身上）。

(6) 退化作用（Baby時代）。

(三)行為學派

1. Watson為行為學派之父，他以Albert Baby為實驗對象進行情緒反應的實驗。

2.古典制約Pavlov * Classical Conditioning。

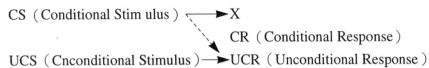

CS（Conditional Stim ulus）──────▶X

                        CR（Conditional Response）

UCS（Cnconditional Stimulus）──▶UCR（Unconditional Response）

3.操作制約Skinner * Operant Conditioning。

CS ──▶ CR ──┤──▶ UCS ──▶ UCR

4.社會學習論Bandura

個體行為是受到模仿和後效強化而來。

古典制約	操作制約
行為是引發的	行為是自發的
UCR＝CR	UC≠RCR
S→R	R→S
聯結律	效果律

(四)認知學派

1.頓悟學說Kohler * Insight Learning

Kohler以猩猩做為實驗對象，研究猩猩如何結合長、短兩根棍子以取得籠外香蕉的歷程，證明行為的改變乃基於認知的頓悟。

2.符號理論Tolman * Signs Theory

Tolman以老鼠走迷宮的實驗，證明行為的改變之前需先建立一個認知概念圖和預期心理。

(五)人本主義

以Maslow的需求階層論為代表。

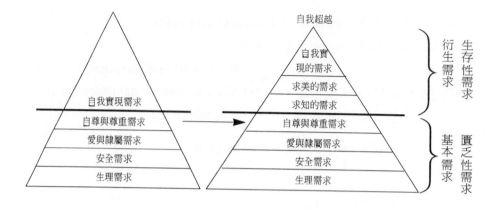

四、心理學研究方法

　　*量的研究：凡可用數據做為解釋者。

　　*質的研究：凡可用文字做為解釋者，具複雜性和獨特性。

　量的研究方法

(一)實驗研究法（Experiment Method）

　　1.定義：在控制情境下，操弄變項之間的因果關係。

　　　變項的種類：

　　　(1)自變項：實驗者主要操弄的項目。

　　　(2)中介變項：可能影響實驗結果的中間變項。

　　　(3)依變項：隨自變項的改變而改變。

　　2.種類：

　　　(1)根據樣本的抽樣方式：

　　　　┌ 真實驗法：抽樣方式是完全隨機的。

　　　　└ 準實驗法：非完全隨機，根據研究者的困難或方便

　　　　　加以選擇。

　　　(2)根據分組的方式：

┌ 單組法：抽取一組隨機樣本，進行實驗。

　　├ 輪替法：有先後實驗順序。

　　└ 等組法：包含實驗組和控制組，同時進行實驗。

(3)根據場地：

　　┌ 實驗室實驗法：干擾最少，在實驗室中進行。

　　├ 實地實驗法：在真實情境中進行。

　　└ 自然實驗法：變項取得是天生自然的，非人為造成

　　　的。

3.優缺點：

　優點：可以控制變項。

　缺點：得到單向式的因果關係（有可能倒因為果）。

(二)非實驗研究法（Non-experiment Method）

1.定義：無控制情境，無操弄變項。

　以調查研究法最具代表性，今說明如下：

　(1)定義：將所要研究的內容設計成一系列的問題或表

　　　格，藉以獲取大規模的資料。

　(2)種類：

　　①問卷調查法：以郵寄或團體施測的方式，使用表

　　　格以獲得大規模的資料。

　　　優點：省時、省力，獲得大規模的資料。

　　　缺點：獲得表面意義，學習背景的干擾或無法深

　　　　　　入，回收率低。

　　②訪問調查法：用直接接觸的方式或個別施測的方

　　　式進行。

　　　種類：

┌結構式：題目固定＋答案固定，依序做答，採封
　　│　　　　閉式問卷。
　　├非結構式：題目不固定＋答案不固定，可跳題回
　　│　　　　　答，採開放式問卷。
　　└半結構式：結構式＋非結構式。
　　優點：第一手的資料。
　　缺點：耗時或調查者的偏見。
　③心理測驗法：衡量心理能力的標準化工具。
　　選用標準化的心理測驗時，應考慮下列重要因
　　素：
　　(a)有否適當的信度、效度。
　　(b)有否解釋分數的常模。
　　(c)有否很高的實用性。

質的研究

(一)觀察法：

1.定義：在沒有任何控制情境下，對所要觀察的對象進
　行觀察。
2.種類：
　⑴根據研究者的參與程度。
　　┌參與觀察法：研究者參與被觀察者的活動。
　　└非參與觀察法：研究者並未參與被觀察者的活動。
　⑵根據觀察情境（場地）
　　┌實地觀察法（自然觀察法）
　　└實驗室觀察法
　⑶根據觀察過程的結構性
　　┌結構性觀察法
　　└非結構性觀察法

3.優缺點：

優點：可降低實驗變項的干擾。

缺點：①觀察者易形成干擾。

②耗時。

③觀察者的技巧很重要。

*如何增進觀察技巧：

(1)一次只觀察一種行為。

(2)記下與該項行為有關的特徵。

(3)多人同時進行觀察。

(4)多次進行觀察。

(5)藉由媒體作為輔助，例如錄音帶、錄影帶。

(二)個案研究法（Case Study）：同時採用多種方法進行研究，例如問卷調查法、訪問法等。

1.定義：以一個個體、家庭、班級、社區為單位，兼採多種的研究方法，以獲得廣泛深入的資料。

2.優點：兼顧個案的獨特性和複雜性。

缺點：①調查者、研究者的偏見。

②難以類推。

③不具普遍性（實證性）。

(三)非結構訪問法＝深度晤談法（Depth Interview）

3flo：Free Talk；Face to Face；Feeling；Observation

除上述對人類的發展，尚有另外四種常見的方式，分述如下：

(一)橫斷法：同一時間對不同年齡層進行研究。

優點：(1)省時省力；(2)可進行不同年齡層的比較。

缺點：組群效應（Cohort Effect）。

～各年齡層的差異，並非年齡所造成，而是由於生活經驗所造成的。

(二)縱貫法：長期對同一組年齡層進行研究。

優點：長期深入研究。

缺點：⑴耗時；⑵樣本易流失；⑶練習效果。

(三)系列法：橫貫法＋縱貫法。

優點：橫貫法＋縱貫法。

缺點：同上。

(四)回溯法：由樣本回溯他自己的生命歷程，找出影響發展的關鍵期。

五、補充內容

三化取向的教育心理學（參考張春興《教育心理學》第一章）

(一)研究目的教育化

Thorndike：教育心理學旨在對人性本質的瞭解及對人性改變可能性的研究。

1.設定學校教育目的的原則：

⑴瞭解學生的需求。

⑵設置教育環境，提供教學活動。

⑶因材施教。

＊需求→滿足→價值。

2.三元一體的教育目的觀

⑴在求知中得到快樂。

求知是人的需求。

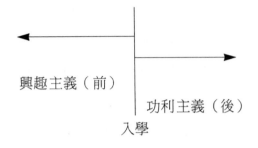

興趣主義（前）

功利主義（後）

入學

　(2)在學習中健康成長

　　　認知方面：例如知識。

　　　身體方面：例如衛生習慣。

　　　社會方面：例如與人互動。

　(3)在生活中準備生活

　　　直接充實現在的生活，間接準備未來生活。

(二)教育對象全人化Whole-person Education

　　全人化：以學生全人為對象研究如何因材施教，從而達
　　　　　　成教育目的歷程。

　1.教學活動全人化

　　(1)外鑠教學Outside-in Teaching＝外化教學

　　　社會文化需要→教育目的→課程標準→教育目標→
　　　教材內容→教學活動（例：升學主義）

　　(2)內發教學Inside-out Teaching＝內化教學

　　　學生心理需要→教育目的→課程標準→教育目標→
　　　教材內容→教學活動

　　(3)全人化教學活動及其改變：

　　　知→情→意→行

　2.教師素養全人化

　　(1)專業知識：本科系。

⑵專業知識：學習、發展、教學理論等。

⑶將專科與專業知識靈活應用於實際教學中。

(三)研究方法本土化（根據研究目的）

本土化：在合於國情的原則之下，以本地區、本學校、
本班級的教學活動為主題，其目的為：
消極面：解決教學問題。
積極面：提升教學品質，達成教育目的，建構
教學理論。

本土化研究法是量的研究以發現問題，質的研究以解決
問題。

*教育心理學研究目的：

1.協助確立明確有效的教學目標。

2.協助瞭解學生的起點行為（Initial Behavior）。

*Readiness。

3.據以安排適性有效的教學。

4.用以調適師生關係。

5.據以創新教學理論與策略。

例題篇

 試題1：

何謂「校園暴力事件」？試請說明其形成，並提出學校可行的措施有那些？　　　〔彰師大心輔88、台灣師大87〕

解：

一、現今社會變遷快速，多元的價值觀之下，當使個人感覺無所適從，加上功利氣息益趨濃厚，一般人的倫理價值觀無從建立，在此種資訊快速發展的科技社會之下，人們的情緒商數（EQ）低落，尤以現今青少年暴力問題層出不窮，使原本最單純的校園，成為犯罪行為孳生的角落，所謂的校園暴力事件，最常見的有勒索、毆打、攻擊等。主要又以攻擊行為最為嚴重，攻擊行為包括了肢體和非肢體行為，除了較嚴重的肢體傷害行為需要特別處理，其餘的攻擊行為是學校教師和輔導人員可以善加矯正的。

二、然而攻擊行為又是如何形成的呢？試述如下：

(一)心理分析學派：

1.Freud認為攻擊是人的本性：人有生之本能和死之本能，當人生命受到威脅時，會產生攻擊行為。

2.童年經驗的影響：個人在童年時受到挫折或遭受攻擊，長大成人後會表現出攻擊行為。

3.個人需求和社會需求的衝突：人格結構中的自我

和超我的衝突，會促使個體產生防衛機制。

(二)神經生物學派：

   1.生物學派學者認為攻擊行為乃是因為遺傳基因與生化構造不同所致。

   2.人體的基因中第23對性染色體多了一個「Y」（異常XYY），此種人較易產生攻擊行為。

   3.美國學者已經發現暴力行為與人體內的化學物質不均衡有關，如人體長期缺鋅，較易產生攻擊行為。

(三)社會學習論：

   Bandura認為暴力行為是經過模仿而形成的觀察學習，但是其間仍有個別認知差異。

(四)社會心理學：

   1.Dollard et. al.挫折——攻擊說。

   2.Zillman & Cantor認為無端的挫折不會產生攻擊行為，而有端的挫折便會產生攻擊。

   3.Berkowitz以為人產生挫折感，而挫折是一種負面情緒，此時手邊如果有可用的工具，便會產生攻擊行為。

   4.Zimbardo去個人化作用：個人在挫折情境中會喪失平日的理性，而產生暴力的行為。

三、校園暴力事件的成因：

   (一)升學主義造成學生學得的無助感。

   (二)傳統教育內容缺乏吸引力。

   (三)各科教師欠缺聯繫，輔導室未能發揮功能。

   (四)對於已發生的校園暴力行為未能妥善處置。

   (五)師生關係不良。

四、由以上各學派的理論可知，攻擊行為產生的原因很多，

包括生理、心理、人格、社會環境、同儕認同等，瞭解了各派的觀點，才可對暴力行為產生的原因，作一周延的思考，以求改進之道與治療之方，在校園暴力事件日漸嚴重的情況下，學校的因應措施有：

(一)聘請專任的輔導教師：教師的工作十分繁重，除了兼顧課業和學校行政之外，如還要抽空輔導學生生活，無異是天方夜譚。目前教育部已有計畫的培育專業的輔導老師並增加學校專任的輔導人員。

(二)師生溝通品質的改進：學生的個別差異極大，教師應以開放、多元的觀點去接納瞭解學生的想法，使學生能適才、適性發展，師生之間的互動必須多元化，而不只是教師權威性的單向溝通。

(三)EQ教育的落實：現代人普遍缺乏情緒管理的智慧，學校應徹底落實EQ教育，使教師和學生都能具備抒解壓力，遲緩慾望，有堅持度與忍耐力的健康現代人。

(四)教、訓、輔合一能早日落實。

(五)強化學校和警方的聯繫。

 試題2：

試簡述Wundt對心理與教育的貢獻。　　　　〔暨南84〕

 解：

馮德是實驗心理學之父，是心理學派中結構主義的創始人，也是使心理學脫離哲學而成為一門獨立科學的功臣。

一、其對心理的貢獻很大：

(一)1873～1874年出版的《生理心理學原理》，被以後

心理學界推為科學心理學歷史上最偉大的著作。

(二)1879年成立了世界第一個心理實驗室，馮德實驗室主要採內省法研究意識、感覺、知覺以及觀念的聯想，從而探討形成心理結構的主要元素。

(三)第一個採用科學的方法進行研究心理學者。

二、其對教育的貢獻：

(一)其科學研究取向，對教育心理學影響至深。

(二)馮德的弟子很多，例如：Hall、Cattell Tichner等等，都對教育有所貢獻。

 試題3：

解釋名詞：需求層次。　　　　　　　　　　　　　　〔慈濟87〕

✏ **解：**

一、在Maslow的需求層次理論中認為人有天生的需求且呈層次排列，如下：

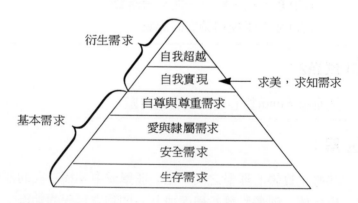

二、當個體某層次需求獲得部分滿足時，便會有上一層次的需求產生。

三、自我實現是行為動力，但基本需求的滿足卻是促使個體追求自我實現的前提。

四、積極進取：知的恐懼。

 試題4：

心理學如何進行研究？試就其重要的方法充份說明之。

〔高師86〕

✎ 解：

心理學自1879年Wundt成立第一個心理實驗室，使心理學躍升為一門科學，因此心理學的研究亦採用科學的方法，茲就其研究的基本概念及重要方法，敘述如後：

一、基本概念

    (一)對問題瞭解認定後，提出假設（條件式、差異式、函數式）。

    (二)採用科學術語說明研究設計。

        1.研究對象確定。

        2.研究變項的處理。

        3.研究工具的選擇。

    (三)用操作性定義使概念具體化。

    (四)方法之選擇宜配合問題性質。

    (五)對結果解釋與推論務須審慎。

二、研究方法

    (一)一般方法

	定　　義	優　　點	缺　　點	類　　型
1.觀察法	不用任何控制方式，對真實環境中之人、事、物加以觀察、認識。	降低實驗干擾因素。	1.耗時 2.觀察應有足夠技巧，勿形成干擾	1.自然觀察法 2.實驗室觀察法
2.實驗法	在受控制的情境中找出變項間的因果關係。	1.可控制變項 2.可驗證假設	限於單向因果關係的模型。	1.實驗室實驗法 2.實地實驗法 3.自然實驗法
3.調查法	將所欲研究的內容設計成表格，由受測者按事先設定好的一系列答案加以選擇。	1.收集大樣本資料 2.不大要求訓練	1.學習背景的干擾 2.表面的意義 3.不適宜臨床環境	1.問卷調查法 2.訪問調查法
4.測驗法	以心理測驗為主要工具，用來測量各種心理建構，如：創造力、智商及學習障礙等。	1.收集大量樣本 2.標準化格式	文化背景的差異。	心理測驗法
5.個案研究法	對個人、家庭或對社會群體作更深入的描述、探討。	注意個體經驗的複雜性以及獨特性。	1.缺乏普遍性 2.調查者的偏見 3.難以重複	
※面談法	面對面地和研究者交談。又分結構性和非結構性。	第一手資料	調查者偏見	結構性面談、非結構性面談。

(二)特殊方法：經常使用於人類發展課題的研究。

	優　　點	缺　　點
1.縱貫法	能長期對同一組樣本進行瞭解。	1.耗時 2.易造成樣本流失 3.練習效果
2.橫斷法	可於同一時間對不同年齡進行比較。	族群效應
3.系列法	結合縱貫法與橫斷法之優點。	1.耗時 2.易造成樣本流失 3.練習效果 4.族群效應
4.回溯法	根據個案生活史，深入瞭解個案發展狀況。	

　　使用科學方法的目的在於描述、解釋現象，並進一步加以預測與控制，以改進生活品質為最終目的。
（本題亦可參考第一章內容作答）

✍️ 試題5：

　　行為主義和認知心理學的取向幾十年來的爭執及主要地位的互為消長，似乎都是和「黑箱子」有關。

一、到底這兩種心理學的理論對人的看法有何基本的差異？而這些差異又為什麼和「黑箱子」有關？

二、有人認為今天台灣的教育問題之一就是讓學生產生「為分數而讀書」，而不是「為學習而學習」的現象，請用幾句話分為以行為主義和認知心理學的觀點，解釋為什麼會產生這種現象？　　　　　　〔政大86〕

✎ 解：

一、行為主義與認知心理學理論對人看法之差異，比較如下：

	行為主義	認知心理學
研究題材	只重視可以觀察記錄的外顯行為。	認知心理學的研究，主要包括知覺、記憶、想像、辨認、思考、推理、創造等心理活動是內在歷程。
解釋行為	構成行為的基礎是個體表現於外的反應，而反應的形成與改變是經由制約作用的歷程。	個體的複雜行為產生，在於認知，認知的活動就是知個體在生活環境中究竟如何獲知，知之後在必要又如何用知，是行為的原因。
環境影響	重視環境對個體行為的影響，不承認個體自由意志的重要性，故被認為是環境決定論。	亦重視環境對個體行為的影響，但更重要的是認知歷程的個別差異。

所謂「黑箱子」是指不能直接觀察到的內在心理活動，從事心理實驗時，實驗者操弄刺激情境，然後觀察測量其行為反應，在刺激與反應之間，個體的內在歷程如何，不得而知，故稱之為「黑箱子」行為主義重視刺激——反應聯結式的學習，而認知學派重視的是個體接受訊息、貯存訊息，以運用訊息的歷程，所以認知心理學派的理論將黑箱子中的認知歷程加以研究，使之透明化，行為學派則無法對黑箱子加以分析。

二、教師、家長普遍以「分數」作為外誘動機以增強學生學習行為的手段，將學生制約成為分數而讀書，所以學生

對學習缺乏興趣或因為要考試才讀或為了獎賞而念，反而使學生無法從學習活動本身中獲得增強，學生無法養成為學習而學習的習慣，這是行為學派的缺點，而認知心理學假設學生天生具有好奇、好勝的趨力，可以從學習之中獲得到成就感，形成一種為學習而學習的認知態度，但如果教師、家長一昧使用分數，施予制約式的增強，手段目的化的結果，破壞了學生的內誘動機，窄化了學生的興趣，使學生產生錯誤的學習歸因，更使得學習變成一項工作，而演變成為「為分數而讀書」了。

試題6：

（請讀下面一段短文回答）

小明第一天上學，一路上很快樂，因為姊姊陪著他一起走，到了教室後，他發現姊姊必須去另外一間教室上課，不能陪他，變得很生氣，老師就請姊姊留下來，兩人與他聊天，這時小明不生氣了。 〔中正86〕

1.哪一個是非制約刺激？
  ⑴姊姊　⑵老師　⑶學校　⑷情緒

2.哪一個是制約刺激？
  ⑴姊姊　⑵老師　⑶學校　⑷情緒

3.哪一個是非制約反應？
  ⑴姊姊同在的快樂　⑵姊姊離去的安靜
  ⑶老師的安慰　　　⑷看到學校的陌生感

4.哪一個是制約反應？
  ⑴姊姊同在的快樂　⑵姊姊離去的安靜
  ⑶老師的安慰　　　⑷看到學校的陌生感

解：

1.(1)　2.(2)　3.(1)　4.(2)

 試題7：

古典制約 v.s. 操作制約　　　　　　　　　　　　　　　〔慈濟87〕

 解：

一、古典制約是指個體行為中本已具有的刺激反應聯結，經由刺激替代的方式，以建立新的刺激反應聯結。其程序為：

1.UCS $\Rightarrow$ UCR　　UCS：Unconditioned Stimulus

2.CS $\Rightarrow$ CR　　UCR：Unconditioned Response

3.UCS $\Rightarrow$ UCR　　CS：Conditioned Stimulus

　　CS $\Rightarrow$ CR　　CR：Conditioned Response

4.UCS $\Rightarrow$ CR

二、操作制約是指實驗者就個體在刺激情境中自發生的多個反應中，選擇其一施予強化，從而建立刺激反應聯結的歷程，其程序為：

$$S_1 \Rightarrow R_1 \Rightarrow R_2 \diagup S_2$$

三、古典制約與操作制約都是行為學派的理論，但兩者對於個體行為產生的解釋不同。

試題8:

質的研究   〔東華85〕

 解:

質的研究強調瞭解的重要性，務期研究結果與真實世界的距
離拉近，為達成此一理想，研究者須以局內人的角度，即進
入被研究者的立場來瞭解，並採參與觀察法，探究微觀的問
題，方易接近事實，質的研究約有如下五種特徵：

一、以觀察自然環境中的行為為直接的資料來源，且以研究
　　者為蒐集資料的工具。
二、搜集描述性的資料。
三、關注過程與成果。
四、採歸納方式分析資料。
五、關注的要點在於意義。

思考篇

試題1：

心理學對「行為」的研究，有那些主要的不同觀點？這些不同觀點對教育有那些較為重大的影響？ 〔高師84〕

試題2：

試述人本主義心理學的中心主張為何？並請舉出兩位代表性學者。 〔南師85〕

✍️ 試題3：

試以行為學理論中經典條件作用（Classical Conditioning）說明學校恐懼症（School Phobia）之形成歷程。　　〔南師85〕

✍️ 試題4：

新佛洛伊德主義（Neo-Freudian）。　　〔花師87〕

✎ 試題5：

防衛作用（Defense Mechamism）。 〔北師85〕

✎ 試題6：

請陳述三元一體的教育目的觀。 〔成大88〕

《思考篇》可參考本人所著——心理學試題詳解

第二章　發展心理學

發展心理學

一、定義

　　研究個體自受精起，出生後至老死，在身、心兩方面隨著年齡的增加，而產生質與量的變化歷程，此變化具備擴展性、連續性和階段性。

二、研究方法（如第一章）

　　1.橫斷法　2.縱貫法　3.系列法　4.回溯法。

三、影響因素

　　(一)內在因素v.s.外在因素

　　　1.內在因素

　　　┌遺傳基因
　　　│　決定1.性別2.單胞胎or雙胞胎3.基本身心特徵ex.長相
　　　└成熟～以遺傳為基礎，造成個體產生最大變化的歷程
　　　(1)生理成熟：肌肉、腺體。
　　　(2)心理成熟：個人智力、情緒。
　　　2.外在因素

```
┌ 環境因素
│  ┌ 體內環境
│  └ 體外環境：⑴產前環境　⑵產後環境。
└ 學習～經由外在訓練或經驗，而使個體在行為或潛
　　　　在行為產生持久性變化的歷程。
⑴有目的的學習　⑵意外的學習。
```

(二)常模v.s.非常模

1.常模：某特定事件以類似的方式發生在大多數人身上。

```
┌ 年齡：在相同年齡層都會遭遇相同的事件。
└ 生活史：擁有相同生活背景的人，在發展的歷程有
　　　　　相同的模式。
```

2.非常模：屬於個人獨有的生活經驗，對人生有重大影響。

四、發展特徵

(一)發展階段約可分成八期：

0↑	出生前
0－3	嬰幼兒時期
3－6	前兒童期
6－12	後兒童期
12－18（12－22）	青少年期
18－45（22－45）	壯年期（成人早期）
45－65	中年期（成人中期）
65之後	老年期（成人晚期）

(二)人類的發展具有共同模式。

(三)共同模式下具有個別差異。

(四)早期發展（預備度）是後期的基礎。

(五)發展過程受到遺傳與環境的交互作用所影響
　　1.前期是受到遺傳所影響——發展速率快。
　　2.後期是受到遺傳所影響——發展速率慢。

(六)發展的危機
　　例如：Erikson「心理社會危機」，Freud「口腔性格」。

(七)人的幼稚期長，可塑性大。

(八)發展包括身、心兩方面的發展。

(九)人類的發展過程是循序漸進的。

(十)需求→滿足→發展（需求是促成發展的原動力）。

　　人天生具有下列需求：
　　1.愛與安全的需求　　2.求知與經驗的需求
　　3.贊許與認可的需求　4.責任與義務的需求

(十一)發展會呈現階段性的改變，每一發展階段皆環繞--強
　　　　勢主題為主
　　　1.每一個階段皆是一個關鍵期（Critical Period）稱為可教

育的時刻（Educable Period）。

2.質的變化——量的增加。

3.連續性與擴展性的變化。

◆關鍵期：

1.定義：在某年齡層，發展某一行為特徵，將是最恰當的時刻，錯過此階段，學習往往徒勞無功或事倍功半。

2.指標：

　⑴表現出極大興趣。

　⑵興趣具有持久性，直到行為達成。

　⑶有很好的表現，不斷表現出進步。

3.Lenneberg：學習語文的關鍵期是在青春期之前。

◆銘印效果（Imprinting Effect）：Lorenz

五、研究發展的觀點與理論

觀點

(一)心理分析觀

又可分為心理分析學派和新心理分析學派。

心理分析學派	新心理分析學派
(1)　Freud	Erikson
(2)　泛性論	性和社會文化因素
(3)　過分強調童年經驗	發展是一輩子的事
(4)　病態者為對象	常人為對象
(5)　性和夢的解析有關	社會文化因素的探討
（夢是通往潛意識的途徑）	
(6)　人格發展＝性心理發展	發展任務＝社會期許

(二)機械觀

個體的行為是外塑的，發展是受環境影響，以行為學派的Pavolv, Thorndike和Bandura為代表。（參考第一章行為學派）。

(三)有機觀

認知的改變導致外顯行為的變化，人是會思想的。

(四)人本觀

個體的發展在於滿足需求層次。（參考第一章人本主義）。

理論

(一)發展任務論

◆Erikson：Developmental Task

年齡	發展任務		心理社會危機
0～1.5	Trust	v.s.	Mistrust
1.5～3	Autonomy	v.s.	Shame & Doubt
3～6	Initiative	v.s.	Guilt
6～12	Industry	v.s.	inferiority
12～22	Self-identity	v.s.	Role Confusion
22～45	Intimacy	v.s.	Isolation
45～65	Gnerativity	v.s.	Stagnation
65 ↑	Integrity	v.s.	Despair

◆Havighurst：Life Capability

年齡	生活能力
0～6	道德觀、是非觀
6～12	性別角色
12～18	Self-Identity、與異性相處、職業準備
18～45	結婚、公民、良好的社會關係
45～65	更年期、提拔後進
65↑	退休生活、死亡教育

◆Chickering研究大學生（18－22）的發展任務。

(二)認知發展論

◆Piaget
1.理論名稱：認知發展論＝發生知識論。
2.基本概念：
  (1)基模（Schema）：個體與外界互動的行為型態，可能是一種靜態的認知架構。
  (2)調整（Adaptation）：個體的認知結構或基礎因環境限制而主動改變的心理歷程。
  (3)同化（Assimilation）：當原有的基模接收新刺激，只要略加調整即可解釋新刺激。
  (4)順應（Accommodation）：當原有的基模接收新刺激，需要做大幅度的改變，甚至要放棄舊基模，以建立新基模，才足以解釋新刺激。
  (5)平衡（Equilibrium）：內在認知與外在客觀事物無衝突，是協調一致。
  (6)組織（Organization）：連結兩個或兩個以上的基模，以組成較高層次或較穩定的另一種基模。

3. 認知發展階段

  (1) 0～2歲　感覺動作期

    ～個體憑藉著感覺器官，探索外在事物，藉以獲取知識的歷程。

    特徵：①發展出具有目的的行為。

          ②物體的恆存性。

  (2) 2～7歲　前運思期（又可分成運思前期和直覺期）

    ～尚未能做出合乎邏輯的思考，只能使用簡單的符號。

    特徵：①自我中心主義。

          ②直覺作用。

          ③集中一個向度。

          ④重視靜止狀態，而忽略轉換過程。

          ⑤守恆的失敗。

          ⑥不可逆性。

          ⑦延宕的模仿。

  (3) 7～12歲　具體運思期

    ～對具體存在的事物進行合乎邏輯的思考。

    特徵：①守恆成功：一致性、互補性、可逆性。

          ②序列化。

  (4) 12歲以上　形式運思期

    ～對抽象事物進行合乎邏輯的思考。

    Flavell認為此階段的兒童可達成三種邏輯性推理：

          ①假設演繹推理。

          ②命題推理。

          ③組合推理。

◆後形式運思期（Kramer）。

4.教育意義

(1) 負面意義

①啟示性大於實用性，因為主張自然預備度，不主
張揠苗助長，也就是發展先於學習。

②未能正確評估各年齡層的發展。

低估兒童期的認知發展，高估成人期的認知發展。

③獨重認知發展，而忽略了社會性的發展。

(2) 正面意義

①按照個體的思維方式（具體或形式）實施教學。

*理性移情（老師）。

②配合兒童的認知發展階段，進行課程的設計和教
學方法的選擇。

③針對個別差異實施教學。

④新的進步建立在原有的進步上。

⑤學習需要行動，而引發行動來自於有趣的情境。

⑥學校具有促進心智發展的功能。

◆Bruner

1.理論名稱：表徵系統論。

2.理論內容：認知發展即是表徵方式的變化，個體的表
徵方式依序為動作表徵→形象表徵→符號表徵。

◆Vygotsky

1.理論名稱：可能發展區（Zone of Proximal Development）。

2.理論內容：兒童在成人的協助下或有能力的同儕合作
之下，所表現出的問題解決能力，將優於單獨時所表
現出的問題解決能力，到達潛在的發展的層次，而成
人的協助或是有能力的同儕合作稱之為「鷹架作用」
（Scaffolding）。

(三)社會發展論

1. 依附Attachment～個體欲和某特定對象建立親密的行為，稱之。

   實驗一：Ainsworth～A Strange Situation。

   對　象：7～8個月大的Baby。

   假　設：在母子獨處的情況下，是否因外人的介入，而使Baby的行為產生變化。

   結　論：①依附形成階段

0～2.3m	前依附階段
7～8m	依附形成階段
1.5yr～2yr	依附完成階段

   ②依附的種類

   安全依附

   不安全依附＜矛盾依附
   　　　　　　　迴避依附

   實驗二：Harlow & Zimmerman。

   對　象：初生的恆河猴。

   歷　程：分成兩組，分別由鐵絲網媽媽和絨布媽媽照顧。

   結　論：餵食並非形成依附關係的唯一因素，身體的柔軟觸感也十分重要。

2. 性別發展（Gender Development）

   Freud性心理發展的關鍵期是3～6歲，其發展階段為：

   性別認同→性別固定→性別一致

   Havighurst則主張性別角色發展的關鍵期在6～12歲。

3. 自我概念Self-concept～個體對自己本身所有知覺的總和。

  *William James「自我心理學」：

  ①自我組成結構

  發展成熟

    ┌ 生理我material me ──────► body image
    ├ 精神我spirtual me ──────► self-identity/personality
    └ 社會我social me ───────► social self

  ②自我概念的形成階段

    self-identity→self-evaluate→self-ideal

  ③形成要素：Coopersmith

    ┌ 重要感
    ├ 有力感
    └ 成就感

4. Self-identity

  (1)定義：Marcia～一種內在的動力，以引導行為的發生。

  (2)理論：Erikson, Havighurst, Chickering。

  (3)Erikson：常問下列六個問題，有助於個體澄清自己的identity。

    ①我現在遇到什麼問題？

    ②我現在想要什麼？

    ③我將來想要什麼？

    ④我有什麼生理特徵（專長）？

    ⑤過去的成敗經驗如何（後設經驗）？

      即Bandura的Self-efficacy自己是否有能力解決問題，如果一直遭受挫敗，則會出現「學得的無助感」（Learned Helplessness）。

    ⑥父母（重要他人）對我的期望如何？

(4)種類

	自我探索	自我承諾
定向型	○	○
未定型	○	×
早閉型	×	○
迷失型	×	×

＊Baumrind指出父母管教方式會影響個體的Self-identity。

(5)功能

①自我維護。

②自我肯定。

③自我實現。

5.道德的發展～一種是非對錯、好壞的價值判斷。

＊Piaget：道德現實主義v.s.道德相對主義。

他律期	自律期
道德是工具	道德是義務
行為結果	行為動機
片面服從（權威）	相互合作
自我利益	他人角度
法律是僵硬不變的	法律是彈性的

＊Kohlberg：道德是一種文化習俗和社會規範的結果，他以兩難命題dilemma「海先生偷藥救妻」故事測試72名12歲的男孩。

(1)理論

判斷標準	層　　次	階　　　段
行為結果	Preconventional Morality	Punishment／Obedience Orientation Instrumental Relativist Orientation

判斷標準	層　　　次	階　　　段
內化社會規範	Conventional Morality	Good Boy／Nice Girl Orientation Law & Order Orientation
超越社會規範，以公平、正義為依歸	Postconventional Morality	Social Contract Orientation Universal Ethical Orientation

(2)結論

　　①道德發展是一種習慣規範灌輸的結果。

　　②任何人的道德發展可歸納到這三層次六階段之一。

　　③道德發展的模式是循序漸進的，但並非所有的人都可發展到最高層次，只有1／4可到達Postconventional Morality。

　　④文化普遍性。

　　⑤Plus-one Principle：道德教育可採加一原則。

(3)批判

　　①文化普遍性值得商榷（道德具有文化相對性）。

　　②獨重道德判斷，而忽略了道德的發展（和年齡有關）。

　　③以男性為實驗對象，難以推論到女性。

(4)後續發展

　　Gilligan研究性別差異對道德判斷是否有影響，她仍以dilemma「海先生偷藥救妻」的故事為實驗內容。

　　實驗對象：11、12歲的男、女兒童。

　　結論：男　強調理、法──強調大義滅親。

　　　　　女　強調情──愛屋及烏、柔情似水、推己及人。

◆總結（Kohlberg, Gilligan, Piaget）

(1)道德發展是由他律期→自律期。

(2)道德發展是循序漸進的（Piaget：無律→他律→自律），但並非每一個人都能到達最高層次。

(3)道德是外鑠而非內發的。

(4)道德判斷具有兩性差異，而此差異是由於社會化所造成，而非天生的。

(四)語言發展論

1.語言的結構層次：包括語音、語詞、語意和語句。

2.語言的處理特徵。

(1)表面結構（Surface Structure）和深層結構（Deep Level Structure）

┌表面結構：話的表面即可查覺的字面意義。
└深層結構：需要經過推論才能查覺出話中有話。

(2)雙向處理：由下往上的處理（Bottom-Up Processing）和由上往下的處理（Top-Down Processing）。

語言的處理具有雙向特徵（語言的理解v.s.語言的表達）。

(3)語言的處理具有主觀性。

3.測量語意的方法

(1) Osgood：語意差別法。

(2) Galton：單字聯想法。

4.語言的相關理論

(1) Noam Chomsky：生理學派

「語言天賦說」人天生有獲得語言的器官。

(2) Jenson：行為學派。

(3) Piaget

自我中心語言（＝自言自語）（Egocentric Speech）。

7歲以前　自我中心語言是語言發展的正常現象，無
　　　　　助於認知發展。

8歲以後　社會化語言（運思語言）。

(4) Vygotsky

自我中心語言有助於認知發展。

(5) Bruner

愈早進行語言的學習將有助於認知表徵的最高階段
——符號表徵的來臨。

(6) Sapire & Wholf

「語言相對假說」語言的相對數量會影響思考的內
容。

5.語言的發展

(1) 共同模式

　0-4.5m　cooling stage

　4.5-9m　babbing stage　喃喃學語期

　9-18m　one-word stage=hologhrasic stage　全句語言期

18-24m　two-word stage=telegraphic stage　電報期

24-30m　grammer stage　文法階段

30-42m　multiple sentences

　6歲　約15000個字彙

(2) Jenson（行為學派）根據後效強化的觀點

S-stimulus，V-verbal，R-Response

1yr　　　Sv-R

　　　　　對語言的刺激有所反應

2yr　　　S-Rv

		對外在的刺激有語言的反應
3yr	Rv-R	
		對語言的反應有行為的反應
3，4yr	S-Rv-R	
4yr	S-Rv1-Rv2-R	
4yr以後	語言階層的學習	

(3) Vygotsky

1yr之前	前心智階段：發展出有意義的單字
2yr	缺乏經驗性、判斷性的階段：詞不達意，不合乎邏輯
	外在符號的主宰階段（外化的語言）：大量使用自言自語（自我中心語言）。
	內化語言階段（語言發展的最高階段）：將過去的經驗整合在現在的經驗中。

六、常見的青少年心理問題類型及解決之道

1.升學制度的問題。

2.與父母關係的問題。

3.交友問題。

4.戀愛問題。

5.性困擾。

6.與權威者的關係。

7.自我認識的問題。

8.解決之道SOCS：Situation→Option→Consequence→Solution

└─── Feedback ───┘

例題篇

 試題1：

試述（Lawrence Kohlberg）柯柏格的道德發展論及其對教育
的啟示。　　　　　　　　　　　　　　　　　　〔嘉師87〕

✎ 解：

Kohlberg的道德發展論是說明個體道德發展的重要理論，且
其理論有助於教師對學習者的道德教育。

一、Kohlberg對道德的基本看法

　　(一)道德為是非判斷的標準，非天生即有，而是受社會
　　　　規範與習俗所影響。

　　(二)道德的建立是社會化的過程與結果，而社會化的過
　　　　程即在灌輸社會規範與文化習俗。

　　(三)道德知識與道德行為並不相同，因為尚須透過道德
　　　　判斷。

二、Kohlberg的道德發展論

　　(一)Kohlberg根據對72名男童所做兩難命題的實驗發展
　　　　出道德發展三期六階段的理論。

　　　　1.道德成規前期（行為結果為標準）

　　　　　⑴避罰服從取向。

　　　　　⑵相對功利取向。

　　　　2.道德成規期（社會規範為標準）

　　　　⑴ Good Boy & Nice Girl取向。

　　　　⑵ Law & Order取向。

　　　3.道德成規後期（超越規範、追求真理）

　　　　⑴社會契約取向。

　　　　⑵泛宇宙公平取向。

　　㈡結論

　　　1.個體的道德發展可以被歸納到三期六階段之一。

　　　2.任何一個道德發展階段均比前一階段更複雜、更包容。

　　　3.道德發展是循序漸進的，但並非每個人都可發展到最後一層次。

　　　4.文化普遍性，不同文化下，具有相同的道德發展模式與判斷標準。

　　㈢缺點

　　　1.文化普遍性太主觀，應為文化相對性。

　　　2.只有道德判斷標準的發展過程，沒有搭配年齡。

　　　3.以兒童為實驗對象難以類推到女童身上。

　　㈣Gilligan針對Kohlberg以男童為實驗對象的缺點，將實驗擴展至男、女童，發現男童常以理判斷，女童常以情判斷，但不同的判斷標準並非與性別有直接關係而是受社會文化教養的結果所形成的刻板印象，無關優劣。

三、對教育的啟示

　　㈠道德的發展是由外鑠而內發的，而他律而自律的。

　　㈡道德教育應配合兒童的身心發展，提供與學童生活情境有關的問題來討論判斷，並以「加一原則」來提昇學童對於道德判斷的標準。

　　㈢道德教育須重視知行合一，並兼顧學童道德情感與

意志的培養，使學童有「道德判斷能力」「能夠實踐」
也「樂於實踐」才是道德教育的最終目的。

 試題2：

伊底帕斯情結（Oedipal Complex）。　　　　　　〔嘉師87〕

 解：

一、在Freud提出的精神分析論中，將個體的人格發展分為
　　五期：
　　1.口腔期。
　　2.肛門期。
　　3.性器期。
　　4.潛伏期。
　　5.兩性期。
二、在3～6歲的性器期中，對於人格的發展特別重要，因在
　　此時男孩易產生「戀母情結」（即Oedipal Complex），
　　而女孩易產生「戀父情結」。
三、此期的兒童會愛慕異性雙親，而嫉妒同性雙親，因此會
　　模仿同性雙親的行為以取悅異性雙親，透過此種模仿的
　　行為，個體會由依賴性性別認同轉換到防衛性性別認
　　同，而有了正確的性別角色觀念。

試題3：

根據美心理學家Erikson的心理社會期發展論青年期是人格
統合與角色混淆的危險期，試說明此一論點的要義，並用以
解釋目前青少年群中心理適應困難者日益增多的原因？
　　　　　　　　　　　　　　　　　　　　　　〔北師86〕

✎ 解：

一、Erikson理論中的第五個時期，正是青年人接受中等教育或選擇就業的一段年齡，他認為此一時期是人生全程八段中最重要的時期，可以說是人格發展中多個關鍵中的關鍵。因此，青年期所面對危機情境也較其他時期嚴重，青年期的危機主要產生在自我統合和角色混亂兩者之間，所謂自我統合是指個體嘗試把和自己有關的多個層面統合起來，形成一個自己覺得協調一致的自我整體，對青年的人格成長而言，自我統合是一種挑戰，無論對求學或就業的青年來說，都是很困難的，正因人格統合不易，很多青少年無法化解此一時期的發展危機，如果此一時期的發展危機得不到化解，當事人將難免傾向角色混亂的一方阻礙其日後的發展。

二、青年期介於兒童與成年之間，在這段時期內，由於主觀的身心變化和客觀環境的影響，使青年人在成長上面臨了多種問題：

(一)由於身體上性生理的成熟，使他感到性衝動的壓力，但由於對性知識缺乏和社會的禁忌，使他不知如何處理。

(二)由於學校與社會的要求，使他對日益繁重的課業與考試成敗的壓力，感到苦惱，在求學時只模糊地知道求學成敗關係著未來，然而對未來的方向多半茫然無知。

(三)兒童時期多由父母安排，但到了青年期，許多事情要靠自己，然青年們則往往缺乏價值判斷的能力，時常感到徬徨無措。

由於對以上種種困擾不易獲得抒解，故一般青年人對所有需

要價值判斷的問題，總難免感到困惑而無法自我肯定，無法從自我追尋而達到自我統合的人格成熟階段。Erikson所指的自我統合是一種自我發展的理想境界，多數人在青年期都不能順利無阻的達到此一境界，這也就是現今社會中青少年適應困難者日益增多的原因。

 試題4：

Freud和Erikson分別提出了一個人格發展理論，試比較其異同。　　　　　　　　　　　　　　　　　　　　　〔屏師86〕

 解：

一、相同點
　　(一)皆認為前期的發展會影響後期的發展。
　　(二)皆有Critical Period的概念。
二、相異點

相　異　點	Freud	Erikson
研　究　主　題	性本能	發展任務
發　展　階　段	五階段	八階段
主要發展歷程	六歲以前	人生全程
影　響　因　素	性	社會文化

 試題5：

試述形式運思期（Formal Operational Stage）的特徵，又此階段的教學原則為何？　　　　　　　　　　　　〔高師85〕

 解：

瑞士兒童心理學家Jean Piaget的認知發展論，被公認為二十

世紀發展心理學上最權威的理論，而「形式運思期」，為其認知發展論之第四階段，茲就其理論之基本概念，發展階段及教學原則分述如下：

一、認知發展的基本概念

(一)基模（Schema）。　(四)順應（Accommodation）。

(二)平衡（Equilibrium）。 (五)組織（Organization）。

(三)同化（Assimilation）。(六)均衡（Equilibrium）。

二、認知發展的階段

發展階段	感覺動作期	前運思期	具體運思期	形式運思期
年齡	0～2	2～7	7～12	12～以上
特徵	①有目的的行為 ②的模仿 ③物體恆常性	①守恆的失效 ②自我中心主義 ③集中一個向度 ④只注意靜止狀態 ⑤沒有可逆性 ⑥直覺作用	①守恆的成功 ②數學的可逆性 ③能根據多重屬性之物加以排序	①假設演繹 ②抽象思考 ③系統思考

三、形式運思期的教學原則

(一)讓學生根據問題情境提出假設，再進行驗證，從而獲得答覆。

(二)合理思維是合理計畫的基礎，讓學生在思考中能兼顧真實性。

(三)培養學生解決問題的能力，對於複雜情境中的因素加以分析、組合。

(四)以個別差異性實施個別教學。

(五)教師在教學方法上應力求維持學生興趣。

Piaget的認知發展論在教育上其啟示性大於實用性，教師應循認知發展的順序設計課程，並針對個別差

異實施個別化教學，才能達成良好的效果。

 試題6：

依附類型和親子關係有關，也會對日後行為產生重大影響，
問
(一)依附類型為何？為何有不同的類型？
(二)依附類型的不同對日後行為有何影響？
(三)在親職教育上應加強哪些？　　　　　　　〔政大85〕

✎ 解：

依附行為是指嬰幼兒（或幼小動物）依附母親所表現的情感
性依賴與親近行為。

一、根據Ainsworth的 "A Strange Situation" 實驗結果可知，
　　依附類型可分為兩種：
　　(一)安全依附：這種依附類型的嬰兒表現出母親在身旁
　　　　就開心，母親離開便傷心，這種安全依附的嬰兒占
　　　　65%。
　　(二)不安全依附：又細分為兩種。
　　　　1.迴避依附：母親在時也不會特別高興，母親離開
　　　　　也沒特別難過占25%。
　　　　2.矛盾依附：母親在身旁時沒有特別開心，母親離
　　　　　開會很難過，但母親再回來也沒有特別雀躍這種
　　　　　嬰兒占10%。
　　為何有此兩種依附類型：
　　(一)母親照顧孩子是以嬰兒的需求為出發點，則嬰兒對
　　　　母親產生安全依附。
　　(二)如果只以母親的需求為出發點來照顧嬰兒，建立的

依附為不安全的依附。

二、對日後行為會產生何種影響：

(一)固著作用：就是依附情結，指嬰兒極端依附母親的傾向。

(二)Erikson：心理發展階段中的第一階段之發展危機為信任←→不信任，此時如果親子之間未培養出安全依附，兒童的成長會面臨危機。

(三)Adler：Adler對兒童行為輔導中發現童年經驗的重要性，如果童年未發展出安全依附，會使兒童未來人際關係發展困難。

三、在親職教育上父母應注意：

(一)照顧孩子要以孩子的需求為出發點，適度滿足孩子的需求，以期建立安全依附的行為。

(二)餵食並非建立親子關係的唯一因素，父母親給予孩子的溫暖、愛撫也很重要。

(三)父母應瞭解良好的親子關係的建立與互動的重要性，積極的去建立親密，良好的親子關係，以利孩子日後的社會行為適應。

✍ **試題7：**

選擇題

1.知道物體外表改變但實質不變，需怎樣的邏輯運作？

　(1)同化（Assimilation）　　　(2)調節（Accomodation）

　(3)平衡（Equalization）　　　(4)逆轉（Reversibility）

2.警察攔下兩位飆車的青少年，只拘留其中一位，因其速度比另一位快，這位警察先生對是非判斷的依據是：

　(1)專業的訓練 (2)主事者的意圖 (3)事件的後果 (4)交通規則

3.上述警察之後告誡被拘留青少年的父母沒有好好管教小孩，放縱他飆車，這位警察先生的道德判斷階段在：
(1)避罰服從階段
(2)相對功利階段（Instrumental Relativeist Orientation）
(3)順從權威階段
(4)尋求認可階段（Good-Boy-Nice-Girl Orientation）
4.丈夫挨罵後不再隨地亂丟衣物，「罵」是：
(1)正增強　(2)負增強　(3)社會增強　(4)處罰
5.社會學習理論預測看電影時間長會：
(1)增加　(2)重視　(3)不影響　(4)削弱　性別角色的刻板印象　　　　　　　　　　　　　　　　　　　〔中正86〕

✏ **解：**

1.(4)　2.(3)　3.(3)　4.(4)　5.(1)

 試題8：

目前盛行的兒童才藝班強調不要讓孩子輸在起跑點上，請用一個教育心理學中的理論或觀點解釋這句廣告詞的真偽，並闡述環境中心與兒童中心兩種不同教育理念應如何在現行體制中配合？　　　　　　　　　　　　　　　　　〔東華85〕

✏ **解：**

一、試就Piaget的認知發展理論解釋：

Piaget認為人的智力發展是有階段性的，提出了認知發展四階段：

(一)感覺動作期：0～2歲。

(二)前運思期：2～7歲。

(三)具體運思期：7～12歲。

(四)形式運思期：12歲以上。

其特徵有：

1.個體的認知發展受遺傳和環境的交互作用。

2.認知發展等於是智力發展，他認為智力發展是各階段思維方式的改變。

3.認知發展有共同模式，有順序性、階段性，但發展速率有各別差異。

4.啟示性大於實用性，主張發展先於學習。

Piaget認為發展先於學習，且認知發展有其階段性，以Piaget理論來解釋這句廣告詞，會發現此廣告詞偽的成份較重。

二、兒童中心的代表人物為Piaget；環境中心代表人物為Vygotsky，試將兩者差異比較如下：

Piaget	社會文化	知識論	人際關係	發展與學習	先備知識	活　動
	沒有特別重視	知識完全是個人主動建構出來的急進建構主義者	未賦予家長教師同儕足夠份量的地位	發展先於學習缺乏教育意義	先備知識重要新的進步建立在先前進步上	重視個體活動教師提供有趣情境
Vygotsky	有特別強調	亦強調人的主動性但更重視社會文化因素，社會建構主義者	重視師生、成人同儕等互動	發展非先於學習反而必須倚賴學習	亦重先備知識舊經驗結合新經驗	強調合作學習

思考篇

 試題1：

基模，同化，調適，平衡（Schema, Assimilation, Accommodation, Equilibrium）。 〔南師86〕

 試題2：

語言的學習是否有所謂的「關鍵期」存在？請由此一觀點討論外語教學列入國小課程的可行性。 〔屏師85〕

試題3：

　　銘印效果及其在教育上的意義。　　　　　〔南師88、成大88〕

 試題4：

　　統合危機。　　　　　　　　　　　　　　　　〔暨南84〕

試題5：

角色混淆。 〔北師82〕

 試題6：

人類的道德認知發展是遵循哪兩大原則？ 〔成大88〕

試題7：

自我中心主義（Egocentrism）。 〔東華88〕

 試題8：

自我概念（Self-Concept）。 〔北師87〕

試題9：

自我統整（ego identity）　　　　　〔高師大成教88、北師大87〕

 試題10：

性別差異和文化差異在道德推理上的研究發現如何？德育的實施又如何考慮性別與文化上的差異。試申論之。

〔高師86〕

✎ 試題11：

請分析R. Gagne的學習五大領域，並與教育部公佈之國民教育階段課程總綱綱要的學習領域加以比較兩者異同之處。

〔南師88〕

 《思考篇》可參考本人所著——心理學試題詳解

第三章 感覺、知覺和意識

感覺、知覺和意識

感覺與知覺的差異：

	感　　　覺	知　　　覺
1	具有普遍性	具有個別性（個別差異）
2	生理現象（感覺器官為主）	心理性
3	感覺是知覺的基礎	知覺以感覺為基礎

一、感覺

(一)定義

以感覺器官為基礎，而對內外在刺激有所查覺的生理歷程。

(二)絕對閾和差異閾

◆絕對閾（Absolute Threshold）

1.定義：恰可以察覺出刺激存在所需的最低強度，而其被察覺的機會為50％。

2.理論：訊號偵測論（特性偵測論；屬性偵查論）。

	Y	N
訊號＋噪音	Hit	Miss
噪音	False Alarm	Correct Regect

3.結論：個體對於訊號的接收正確與否，不只取決於訊

號本身的強度，而與環境中的噪音，個體的動機和期
待有關。

◆差異閾（Differential Threshold）

1.定義：恰可以察覺出兩個刺激之間有所差異所需的最
　低強度，而其被察覺的機會為50％。

2.理論：Weber Law：$k=\dfrac{\triangle I}{I}$（定比）

　　　　標準刺激和差異閾存在固定比率

　　　　Fachner Law：$S=K \log I$

(三)種類

◆視覺心理學

眼睛 ┌ 桿狀細胞：色調
　　　└ 錐狀細胞：亮度

1.物理屬性

　(1)色調：由光波長度所決定。

　(2)飽和度：光波（顏色）的純度。

　(3)明亮度：光波（顏色）的亮度。

2.造成的現象

　(1)混色：光波的相混──相加混色。

　　　　　染料的相混──相減混色。

　　補色：兩色相混為灰色者，例如：紅綠、藍黃、黑
　　　　　白。

　(2)後像：注視刺激物久後，移開刺激物，刺激物仍留
　　　在視網膜上的影像。

　　┌ 正後像：刺激物顏色和後相顏色相同
　　└ 負後像：刺激物顏色和後相顏色相反

(3)相比色：

刺激物連續出現，使顏色差異擴大。

刺激物同時出現，使顏色差異擴大。

刺激物亮度不同，使顏色差異擴大。

(4)色盲：

全色盲：紅綠藍。

部分盲：紅綠盲、黃藍盲。

3.理論：

(1)色覺三元論：Helmholtz。

色由紅、綠、藍（基本色調）所組成，其他顏色由此三色相混而來。

(2)對抗歷程理論：Hering

因為色覺三元論只是混色，未提出補色。

(3)二階段論：察覺顏色存在→顏色進行相混或相補。

◆聽覺心理學

耳朵：髮細胞／毛細胞（Hair Cell）。

1.物理屬性

(1)音調：由聲波的頻率所決定，Hz為其單位。

(2)響度：由聲波振動的幅度所決定，例如：大小聲，分貝為其單位。

(3)音色：基音和陪音所決定

和諧──悅音；不和諧──噪音。

2.理論

(1)位置論：不同位置的髮細胞接收不同的訊息。

(2)頻率論。

二、知覺

(一)定義

對於察覺的刺激物，賦予意義的過程。

(二)特徵

1.知覺具有相對性。
- 形象與背景（Figure & Ground）：主角配角會影響解釋。
- 知覺的對比（Perceptual Contrast）：知覺的形成是相對的結果。

2.知覺具有選擇性
  *雞尾酒會現象（Cocktail Phenomenon）＝選擇性的知覺。

3.知覺具有整體性
  整體大於部分之和（完形學派）。

4.知覺具有組織性
  對於無法解釋的刺激物，主動添加訊息，並加以組織歸納。
  (1)相似原則：類似的刺激，會被我們主動歸為一類。
  (2)接近原則：地理位置接近的刺激物會被我們歸為一類。
  (3)閉合原則：對不完整的刺激物，主動加添訊息，把它們歸為一類。
  (4)連續原則：將片斷的刺激現象視為連續的過程。

5.知覺具有恆常性

當刺激物的特徵，隨外界環境的改變而產生變化時，我們所保存的知覺經驗仍維持不變。

(1)大小恆常性。

(2)形狀恆常性。

(3)亮度恆常性。

(4)顏色恆常性。

(三)知覺歷程

1.空間知覺：以感覺為基礎，對個體周圍的環境進行判斷。

(1)視空間知覺（立體知覺、深度知覺、遠度知覺）

①雙眼線索：兩隻眼睛所造成的立體知覺

(a)輻輳作用：眼球的聚合度隨事物的遠近而產生變化的情形。

(b)雙眼相差：單獨用右眼或左眼視物，刺激物的位置有所改變。

②單眼線索：無法判斷刺激物的正確位置

(a)直覺透視。

(b)紋路梯度。

(c)明暗。

(d)重疊：造成立體深遠的知覺。

(e)平面上的高度。

(2)聽空間知覺

①雙耳線索

(a)時間差。

(b)強度差。

(c)波壓差。

②單耳線索：只能判斷遠近，不能判斷方位。

2.時間知覺
　　⑴內在線索
　　　①新陳代謝作用　②生理時鐘。
　　⑵外在線索
　　　計時工具。
3.運動知覺（移動知覺）
　　⑴真實移動v.s.相對移動。
　　⑵似動現象：
　　　①自動現象：黑暗中注視靜止物久了，看起來好像
　　　　在動。
　　　②閃動現象：刺激物連續的發光一明一暗，造成事
　　　　物看起來好像在動。
　　　③誘動現象：刺激物本身沒動，由於外界環境產生
　　　　改變，造成事物看起來好像在動。
　　＊視覺斷崖（Visual Cliff）：
　　　Gibson & Walk以Baby進行實驗，證明此種深度知覺幾
　　　乎可算是與生俱有的。
4.錯覺理論：大小恆常誤用論或周圍抑制論等。

三、意識

(一)定義

　　　指個人運用感覺、知覺、思考、記憶等心理活動，
對自己的身心狀態與環境中人、事、物變化的綜合覺察
與認識。

(二)種類

1. 焦點意識（Focal Conscious）
   個人全神貫注於某事物時所得到的清楚明確的意識經驗。

2. 邊意識（Marginal Conscious）
   全神貫注的旁邊，比較為個體所忽視。

3. 半意識（下意識）（Unconscious）
   不注意或略微注意，例如：雞尾酒會現象。

4. 無意識（Nonconscious）
   個人對具內在身心狀態或外在環境一無所感。

5. 潛意識（Subconscious）
   受意識控制與壓抑而潛藏的感情、欲望等，是個人不自覺的意識。

6. 前意識（Preconscious）＝前意識記憶（Preconscious Memory）
   經常為個體動機性遺忘的部分。

(三)睡眠階段

REM（Rapid Eye Movement）：
1. 眼球快速轉動。
2. 有80%的人都說正在做夢。
3. 在REM或正接近REM時若被叫醒，脾氣通常較暴躁。
4. 連續未完的夢。
5. 90分鐘為一循環，REM約歷經10分鐘。
   夢遊是不易發生在REM階段，而發生在無意識的深睡階段。

(四)夢

Freud以自由聯想法（Free Recall）分析人的夢。

◆夢境：

潛性夢境（Latent Content＝Subconscious）
　　記不住的內容，無法理解，通常為潛意識主導
　　　　　　↓
簡縮（Condensation）
　　　　　　↓
象徵（Symbolization）
　　潛性夢境的內容，以象徵的方式表現在顯性夢境例
　　如：對性的渴求→筆
　　　　　　↓
轉移（Displacement）
　　主要和次要的轉移
　　　　　　↓
再修正（Secondary Revision）
　　無法做歸納，把它加油添醋，讓夢的內容看起來合
　　理化
　　　　　　↓
顯性夢境（Manifest Content）
　　記得住，可理解

(五)催眠

　　　催眠屬於有意識的狀態，只是窄化焦點，產生知覺
的扭曲或幻覺。
　　理論：
　　1.Hilgard：新解離論。
　　2.Spanos：社會角色論。

例題篇

 試題1：

感覺、知覺、認知三者之差異性及關聯性如何？試就人類
之行為任舉一例，說明之。 〔高師86〕

 解：

個體從接受刺激到表現反應，需要經過生理與心理兩種歷
程，而由感覺、知覺層次進入更深一層的認知階段，茲就其
差異與關聯性略述如後：

定義	感覺	知覺	認知
	憑藉感覺器官察覺內在與外在環境以獲得經驗的歷程。	以感覺為基礎，賦予刺激意義的過程。	個體是主動的訊息處理系統，對環境事物主動選擇，而非被動接受。
差異	屬普遍現象。	具個別差異。	經驗及先備知識十分重要。
關聯性	刺激⇒感覺器官⇒大腦⇒心理性訊息⇒個體主動賦予意義⇒認知。 ⌐────────感覺────────⌐ ⌐────知覺────⌐		

茲以視紅綠燈過馬路為例：

1.當號誌燈由綠轉黃（眼睛為一感覺器官）。

2.大腦告知，即將轉為紅燈，因知覺具個別差異，故有人加

速通過；有人等待下一次綠燈再通行。

3.在面對此情境時，個體會考量環境、時間及自己體能狀況等因素，並根據以往經驗作為判斷是否通行之準則。

✏️ 試題2：

有時FAX的文件字跡模糊但仍能讀出其大意，為什麼？

〔中正85〕

✎ 解：

個體靠感覺與知覺，以瞭解周圍的世界，惟在從感覺到知覺的連續歷程上，感覺和知覺兩個階段，在性質上仍有不同，感覺的層次較低，各種感覺均須有賴於以生理為基礎的感覺器官收受外在訊息，具有較大的普遍性，知覺雖以感覺為基礎，但其所知所覺者遠較感覺為廣，而且不以現實環境中刺激為限，知覺經驗的獲得通常是多種感覺的綜合，甚至也統合了當時的心情，期盼以及過去的經驗與學得的知識，因此，對同一引起知覺的刺激情境，表現在各個人的知覺判斷時將會有很大的個別差異，其歷程如下：

行為，其歷程為：

$$S \rightarrow 感覺器官 \xrightarrow[\text{神經傳導}]{\text{神經行動}} 大腦 \rightarrow 心理性訊息 | \leftarrow 賦予意義$$

$$\xrightarrow{\hspace{2cm}} 感\ \ 覺 \leftarrow\hspace{1.5cm} \qquad 知覺$$

在Skinner的後效強化中，自發的行為結果強化了個體原本的抽煙行為、感覺，故FAX文件字跡模糊但仍能讀出大意是因為知覺有組織性的特徵，個體會主動地把原本片段的訊息加以組織、連續使其完整，而可以加以瞭解、解釋之，同時解讀的過程也是以既有的語意基模判斷刺激訊息內容，此為Top Down Processing。

思考篇

 試題1：

絕對閾v.s.差異閾（Absolute Threshold v.s. Differential Threshold）。 〔彰師88〕

 試題2：

知覺恆常性（Perceptual Constancy）。

試題3：

雞尾酒會現象（Cocktail Party Phenomenon）。

 試題4：

快速眼動睡眠（Rapid Eye Movement）。

試題5：

知覺（Perception）。 〔台灣師大85〕

試題6：

自動效應（Auto kinetic illusion） 〔高師大88〕

 思考篇可參考本人所著——《心理學試題詳解》

第四章　行為取向的學習心理學、教學理論與教學方法

行為取向的學習心理學、教學理論與教學方法

一、定義

經由訓練或經驗，使個體在行為、潛在行為或知識產生持久性變化的歷程。

二、特徵

(一)經由訓練或經驗所造成。
(二)非全然具有目的的。
(三)造成個體在行為、潛在行為或知識的改變。
(四)改變具有持久性。
(五)是一項歷程而非結果。
(六)非全然是有價值的。

三、基本概念

(一)┌ 學習程度（Degree of Learning）：正確反應的程度。
　　　└ 過度學習（Overlearning）：當學習已達到100％的正確反應程度，再多練習50％～100％，以避免快速的遺忘。

(二) ┌ 整體學習：將學習材料一次學完。
　　 └ 部分學習：將學習材料分段，逐步加以訓練。
(三) ┌ 集中學習：集中在同一時間。
　　 └ 分散學習：分散於不同時間練習。

四、學習模式──行為取向的觀點

＊古典制約（Classical Conditioning）

Pavlov

＊二層制約：CS2→CR2

＊高層制約：CS3→CR3……

(一)古典制約的行為原則

　1.消弱（Extinction）

　　～當個體的行為已制約完成，停止給UCS而單獨給CS，則個體CR出現的程度會減弱。

　2.自發恢復（Spontaneous Recovery）

　　～當個體行為已出現消弱後，停止給CS，經過一段時間後，若再度給CS而引起CR，則稱自發恢復。

　3.類化（Generalization）＝刺激泛化＝刺激類化（Stimulus Generalization）

　　～類似的刺激引起相同的行為反應。

　4.區辨（Discrimination）

　　～特定的刺激引起特定的行為反應。

　5.欲求制約v.s.嫌惡制約

　　欲求制約：個體感到喜歡的刺激物。

　　嫌惡制約：個體感到厭惡的刺激物。

6.二層制約v.s.高層制約

7.聯絡：Guthria「個體在某特定情境中，所表現出的行為，日後在類似情形下，亦會表現出相同的行為」。

8.CS／UCS出現的先後次序：

(1)前向制約（Forward Conditioning）

CS ─────┐
　　　　　│
UCS ─────┘　最好間隔0.5'

CS先出現，UCS後出現，兩者同時結束。

(2)後向制約（Backword Conditioning）

UCS ─────┐
　　　　　│
CS ──────┘

UCS先出現，CS後出現，兩者同時結束。

(3)同時制約（Simultaneous Conditioning）

UCS ─────┐
　　　　　│
CS ──────┘

UCS、CS同時出現，同時結束。

(4)痕跡制約（Trace Conditioning）

CS──────

　　　　UCS

CS先出現，全部結束後，UCS再出現。

(二)影響古典制約學習的因素

1.刺激的強度。

2.刺激的區辨性。

3.CS v.s. UCS出現的先後次序，以前向制約最好。

4.CS v.s. UCS時間間隔最好為0.5秒。

5.CS v.s. UCS的配對次數。

(三)古典制約在教育上的意義

1.符合刺激替代原則。

2.可解釋學校恐懼症（School Phobia）。

3.類化（Generalization）

　　學生因喜歡某老師而喜歡該師所任教的科目。

4.Morrow & Weinstein

　　教師在使用古典制約時，有幾個重要的實施原則

　　⑴幫助學生聯結喜歡的事物。

　　⑵幫助學生克服焦慮。

　　⑶幫助學生確認情境（區辨）。

＊操作制約（Operant Conditioning）

(一)Watson理論：行為工程學。

(二)Thorndike：根據對動物實驗研究而建立學習理論的第一

　　人，聯結形成，就是學習。

　1.實驗名稱：Puzzle Box。

　2.理論名稱：Try and Error嘗試錯誤假說。

　3.理論重點：個體行為的建立，是經由不斷的嘗試過程

　　中，將錯誤失敗的行為去除，將成功的經驗具體的保

　　留下來。

　4.嘗試過程中個體的行為有下列特性：

　　⑴盲目的。

　　⑵衝動的。

　　⑶成功是偶然的。

　5.學習三律

　　⑴練習律。

　　　┌多次律v.s.廢律：練習愈多效果愈好，例如：熟能
　　　│　　　　　　　　　生巧。
　　　├近因律：練習的時間愈接近現在效果愈好，例如：
　　　│　　　　　打鐵趁熱。
　　　└顯因律：內容必須符合學習者的興趣和動機期待，

個體較願意去學，效果也較好，例如：投
其所好。

(2)準備律：個體的身心準備狀態（生理成熟度和心理
預備度）。

(3)效果律：學習的結果會決定個體是否重複原來的行
為。

＊Skinner：後效強化

環境決定論：個體的一切行為改變（指學習），乃是決定
於其本身對環境適應的結果。

實驗：槓桿CS→壓桿CR→食物UCS→吃（獲得快樂）
UCR需要經由訓練

（後效強化）　　　類化：逢桿必壓
區辨：壓對桿

古典制約和操作制約的相異點：

	古典制約	操作制約
1	CS —— 　　UCS ——	R→S（後效強化）
2	UCR＝CR	UCR≠CR
3	接近律（近因律）0.5'	效果律
4	引發	自發

6.Thorndike的教育意義：

(1)聯結論

學習即S-R，R-S的聯結。

(2)學習三律（教育上的貢獻）。

(3)學習遷移（Transfer of Learning）

Guthrie定義～將所學習的原理原則運用在其它的情
境問題當中。

①理論：

- 形式訓練論（官能心理學）
  ～感官能力是各自獨立的，只要加以訓練，可無限制的遷移
- 同元素論（Thorndike）
  ～遷移是有限制的，只有在前後的經驗有共同元素時，才有可能產生遷移
- 共原則論（認知學派）
  ～必須是前後的經驗有共同原則時，才有可能產生遷移
- 轉換論（完形學派）
  ～Gestalt各元素之間關係的瞭解，會有助於下一階段的學習
- 能力論（Klausmeir）
  ～個體在舊事物的學習中已具備能力，則對新事物的學習是可預期的。

②種類：
- 正遷移（正向遷移）：個體反應後在情境中出現的任何刺激，其出現有助於該反應增加者。
- 負遷移（負向遷移）：個體反應後在情境中出現已有刺激消失，而其消失有助於該反應增加者。
- 順攝抑制：先學影響後學。
- 倒攝抑制：後學影響先學。
- 低徑遷移Saloman & Perkins：經由反覆的練習而產生的自動化遷移，通常屬於動作練習或低層次認知能力。
- 高徑遷移Saloman & Perkins：原理原則的遷

移，屬於高層次的認知能力。

　前導式的遷移：將目前所學習到的原理原則有
　意的運用在未來的情境中。

　回溯式的遷移：面臨問題情境，去回想過去曾
　經學習的原理原則。

　一般性遷移：一般性能力的遷移。

　特徵性遷移：專業技能、職業能力的遷移。

　水平遷移：廣度的遷移。

　垂直遷移：水平的遷移。

③實施原則

　(a)決定遷移目標＝老師的教師目標。

　(b)重視高徑遷移，例如：抽象概念原理原則的
　　理解。

　(c)兼固一般性遷移和特殊性遷移。

　(d)重視經驗的系統性和連絡性

　　　　　垂直遷移 連貫性（學以致用）

　(e)教師要多舉例，使學生明瞭遷移的原則，例
　　如：結構化的教學法。

　(f)過度學習。

＊古典制約和操作制約的共同點：

(一)類化（學習遷移）。

(二)區辨。

(三)消弱。

(四)自發恢復。

(五)增強作用＝強化作用。

＊增強物（Reinforcer）

(一)定義：凡刺激物的出現或消失，都會使個體重複原來的

行為，此刺激物稱為增強物。

(二)種類：（增強物）

原級增強物（Primary Reinforcer）

～凡直接影響個體重複原來的行為者，通常不學而能
引起個體的行為反應。

次級增強物（Secondary Reinforcer）

～凡間接能引起個體行為反應，通常必須藉由學習，
或常伴隨原級增強物一起出現，其種類又可分成：

1.社會性增強物

～與人際交往有關的種種刺激。

2.代幣制度（Token Economie）

代幣：替代性的貨幣。

～凡是能換取某種特權或獎品的刺激物的替代性貨
幣，使用代幣制度的過程（實施代幣制度的原
則），稱為代幣制度，其實施注意事項為：

(1)決定代幣的性質。

(2)決定增強的行為。

(3)立即增強。

(4)所換得的權利或獎品是個體的正增強物。

3.活動（Activity）：Premack's Principle＝Grandma's Rule
＝霹靂馬原則對任何個體而言，都存在一個活動偏好
階層，我們可以使用個體最想從事的活動作為增強
物，來增加個體較不喜歡或較少從事的活動。

正增強物：
當個體反應後，在情境中出現的任何刺激，其出現
有助於該反應頻率增加者。

負增強物：
當個體反應後，在情境中已有刺激的消失，而其消

失有助於該反應頻率增加者。

＊增強作用（Reinforcement）

(一)定義：使用增強物而使個體行為改變的過程。

(二)種類：

1. ┌ 正增強作用：使用正增強物的過程。
   └ 負增強作用：使用負增強物的過程。

2. ┌ 原級增強作用：使用原級增強物的過程。
   └ 次級增強作用：使用次級增強物的過程。

3. ┌ 立即增強作用：當所有制約的行為出現後，馬上給
   │　　　　　　　　增強物。
   └ 延宕增強作用：當所有制約的行為出現後，過一段
   　　　　　　　　　時間才給增強物。

4. ┌ 連續增強作用：每一次制約行為的出現都給增強
   │　　　　　　　　物。
   └ 間歇／部分增強作用：制約行為出現，有時給增強
   　　　　　　　　　　　　物，有時不給。

　　依時間 ┌ 固定時距
　　　　　　└ 變動時距
　　依次數 ┌ 固定比率
　　　　　　└ 變動比率

5. 後效強化。

(三)增強技術——班級經營經常使用的技術

1. 教師要決定增強物。

2. 教師要決定所要增強的行為。

3. 立即增強。

4. 考慮不同階段的行為制約，需要不同的增強作用。新
   行為剛建立時適合連續增強，使行為能固定保留下
   來，行為保留後，則改保部分增強，避免行為的消弱。

5.考慮到學習者的個別差異。

(四)操作制約的行為原則（教育意義）

　1.行為重塑（Shaping Behavior）

　　定義：根據目標漸進原理，將多個S-R反應聯結形成複
　　　　　雜行為。

　　步驟：決定行為目標（終點行為）（教學目標）

　　　　　　　　　　↓

　　將學習內容解析成細小的單位（細目：Frame）

　　　　　　　　　　↓

　　　　　　由易而難的排序

　　　　　　　　　　↓

　　　　　分段施予操作制約訓練

　　　　　　　　　　↓

　　　　　　　首尾連貫

　　實驗：鴿子啄擊號碼牌

　　　⑴推開門→獲得食物。

　　　⑵推開門→啄擊號碼牌→獲得食物。

　2.反應連鎖（Chain Function）

　　依程序分～

　　┌ 前項連鎖：從無到有。
　　└ 後項連鎖：例如修電腦。

　　依反應結果分～

　　┌ 同質連鎖：不同刺激得到的反應皆相同。
　　└ 異質連鎖：不同刺激得到的反應不一樣。

　3.消除偏差行為／改變不良行為

　　～消弱　例：老師忽略學生的偏差行為，即不給UCS。

　　～饜足　重複原來的不良行為使之厭惡而不做。

　　～改變刺激情境。

～增加相競行為（Competing Behavior）和原行為相反的行為（好的行為）。

～懲罰（Punishment）暫時性的疼痛，是難以避免的，行為的消弱非負增強，避免懲罰而增加好的行為，則為負增強。

懲罰＋相競行為＝負增強。

(1)懲罰的種類

施予性的懲罰（正罰）。

剝奪性的懲罰（負罰）。

(2)懲罰的缺點

①行為是外控而非內發的。

②治標不治本，例如：改採其他的不良行為。

③懼學症　懲罰──學校。

④漣漪效應（Ripple Effect）Kounin。

⑤挫敗感（Frustration）。

⑥學得的無助感（Learned Helplessness）。

(3)懲罰的實施原則

①常用剝奪性的懲罰（負罰優於正罰）。

②要賞罰並用配合口頭說明。

③預警制度：師生約定效果（Contingency Contracting）。

④賞罰要立即。

⑤罰期要短。

⑥採用多元化的懲罰方法。

⑦增加相競行為。

＊社會學習論（Social Learning）＝三元學習論

三元：P（Person）：個體的內在動機狀態

　　　E（Environment）：外在環境刺激

　　　B（Behavior）：個體所表現的行為

學習是P×E×B三者交互作用的結果

(一)實驗（對象：托兒所的小朋友）

1st ┌ 實驗組：大人打玩偶 ─────帶到遊戲間────→ 出現較高的
    └ 控制組：大人和玩偶祥和的在一起 攻擊行為
                                                —

～結論：人類的行為是經由模仿而來。

2nd ┌ 實驗組(1)：大人打玩偶得到獎賞 ──帶到遊戲間──→ 出現最高比例
    └ 實驗組(2)：大人打玩偶得到懲罰 的攻擊行為
                                              —
      控制組：大人和玩偶祥和在一起 —

結論：模仿是由後效強化造成的。

(二)理論

觀察學習（Observational Learning）是行為建立的基礎。
個體經由觀察他人的行為改變歷程和行為改變結果，而
間接學習到的行為改變。被觀察者稱為楷模（Model）；
觀察學習楷模行為的過程稱為仿同（Modeling）。

(三)觀察學習的歷程／仿同的歷程

注意（Attention）

特性：1.楷模本身的特性
      (1)楷模是否重複出現
      (2)楷模和學習者之間的相關性
          ①同年齡的人
          ②同性別的人
          ③曾獲得榮譽的人
          ④Mead重要他人（Significant Others）
              個體從事決策時，會成為重要參考依據者
      (3)功能價值v.s.名義價值
          功能價值：真正的內涵意義

　　　　　　名義價值：表面的意義
　　　　　　⑷觀察者的技巧
　　保持（Retention）將觀察的結果記憶保留下來
　　再生（Reproduction）行為是否如法炮製

　　增強（Reinforcement）／動機（Motivation）
(四)增強的種類
　　1.替代性的增強（Vicarious Rinforcement）
　　　＝替代性的學習（Vicarious Learning）
　　　凡加諸於楷模身上的增強物，也會間接的增強在學習
　　　者身上。
　　2.象徵性增強物。
　　3.自我增強（Self-reinforcement）（自我調節系統）
　　　最好的增強是由外在增強轉為自我增強，其歷程為：
　　　觀察→設下行為標準→自我衡量→自我滿足→自我增
　　　強。
(五)模仿（Modeling）的種類
　　1.直接模仿
　　　～直接看到即模仿到
　　2.綜合模仿
　　　～綜合好幾次的模仿經驗才模仿到
　　3.象徵模仿
　　　～學習到的象徵意義（行為），即功能價值
　　4.抽象模仿
　　　～學習到的是抽象的原理原則
(六)結論
　　1.個體的行為是P×E×B三者交互作用的結果。
　　2.觀察學習是學習的歷程

～觀察學習的過程包括：⑴注意；⑵保持；⑶再生；
　⑷動機。
3.模仿的種類有：
　⑴直接模仿；⑵綜合模仿；⑶象徵模仿；⑷抽象模仿 。
4.增強的種類有：
　⑴替代性增強；⑵象徵性增強；⑶自我增強。
5.自我增強
　～觀察學習的過程中，個體的自主性非常重要。
6.對於複雜的學習自我效能（Self-efficacy）、自我調節系
　統（Self-requlation）兩能力非常的重要。

＊自我效能（Self-efficacy）＝自我概念（Self-concept）
㈠定義：個體自信能完成任務的程度。
㈡理論：William James「自我心理學」，Coopersmith。
㈢判斷的標準
　1.對工作困難度的選擇。
　2.對困難工作的持續力。
　3.挫折容忍力。
㈣如何培養積極的自我效能
　1.直接經驗：過去的直接經驗影響自我效能。
　2.間接經驗（替代性經驗）：別人的經驗，替代性的學
　　習。
　3.書本知識或他人意見（重要他人意見）（替代性經
　　驗）。
　4.個體的身心狀況Bruner，Weiner影響學習動機。
㈤自我效能低落的現象
　1.學得的無助感。
　2.會出現防衛機制（攻擊、逃避）。

3.負面的情緒。

＊自我調節系統（Self-requlation）
(一)定義：個體經由自我觀察之後，使用自我懲罰或自我獎
　　勵的方式來評價自己的行為。
(二)實施步驟：根據Model的行為→設定行為的標準→自我觀
　　察→自我評量（有無符合標準）→自我增強。
(三)種類：
　　1.Self-management：為自己設下行為目標→進行自我紀
　　　錄自我評鑑→自我增強。
　　2.認知式的行為改變技術（Cognitive Behavior Modification,
　　　CBM）
　　　(1)Self-Talk
　　　(2)Self-Instruction（Meichenbaum）（Language）
　　　　步驟：
　　　　認知式的模仿　Model在從事榜樣工作時，大聲的自
　　　　　　↓　　　　言自語

　　　　公開的外在指導　學習者重複Model的行為，而
　　　　　　↓　　　　　Model在一旁大聲的指導

　　　　公開的自我指導　學習者重複Model的行為，而一
　　　　　　↓　　　　　邊大聲的自言自語

　　　　消弱的自我指導　學習者重複Model的行為，而一
　　　　　　↓　　　　　邊小聲的自言自語

　　　　潛隱式的自我指導　學習者以默念方式重複Model的
　　　　　　　　　　　　　行為。

(七)社會學習論的實施原則

　　1.符合學習者的個別差異，安排適當的楷模。

　　2.注意觀察的歷程：

　　　注意（選擇性的知覺、訊息處理理論）→保持→再生
　　　→動機

　　　一切學習以引起注意為基礎。

　　3.培養學習者的自我調節能力

　　　⑴循序漸進的訓練

　　　　行為重塑（Shaping Behavior）。

　　　⑵教師可重複的示範（教師是Model）。

　　4.Kounin漣漪效應（Ripple Effect）。

五、行為取向的教學理論和教學方法
＊編序教學（Programmed Instruction, PI）

(一)定義：使用目標漸進原理及立即增強原理原則，將所學
　　習的內容切割成細目，以便使學習者能依照自己的能力
　　循序漸進的學習，同時在學習過程中，如遇到學習者有
　　所反應，則必須立即給答案做為回饋與校正之用。

(二)特性：

　　1.所有的學習內容會切割成細目。

　　2.細目的安排是循序漸進的。

　　3.學生是主動的學習者。

　　4.學生可自由調整其學習量。

　　5.學生會得到立即的增強（立即給答案）。

　　6.教師修改教材安全基於學習者的反應。

(三)制定過程：

1.準備階段：

　⑴決定教學目標（決定學生的終點行為）Bloom認知、
　　情意、技能。

　⑵瞭解起點行為（Entry Behavior）。

2.正式撰寫階段

　⑴將所有的學習內容編成細目，且由易而難的排序。

　⑵每一個細目皆代表一個概念或一個問題。

　⑶教材方式不限，唯在學生有反應後必須立即給予回
　　饋做為增強之用。

　⑷教材方式分為：

　　①直線式。

　　②分枝式（較好）。

3.正式實施之前
　　預試v.s.修正。

(四)表達方式

　1.編序教科書，例如：參考書。

　2.教學機：電腦輔助系統（Computer-Assisted Instruction,
　　CAI）。

　　⑴教學方法：

　　　①練習式。

　　　②家教式。

　　　③模擬式。

　　　④對話式。

　　　⑤遊戲式。

　　⑵優點：

　　　①不受時空的限制。

　　　②不受同儕團體的壓力和避免老師的脾氣。

　　　③可獲得立即的增強。

④符合個別差異。

⑤可進行模擬實驗。

(3)限制：

①經費不足。

②人才缺乏。

③軟體不適用。

④教師電腦素養不足。

⑤中文輸入困難。

⑥輸入費時。

⑦缺乏情意教育和社會互動的機會。

(五)PI的優缺點

1.優點：

(1)符合個別差異，尤其是分枝式的教學方式是有效能的教學法。

(2)可獲得立即的增強，因為馬上給回饋。

(3)學習者是主動的反應者。

(4)易於診斷學習困難處實施補救教學。

（因為所有的內容都編成細目，所以可針對不會的部分實施補救教學）。

2.缺點：

(1)編序教材編製不易。

(2)普遍實施有困難，因為學生的發展速率不同。

(3)限制了個體的創造力。

創造力：新奇的；有價值的。

＊**精熟學習**（Mastery Learning）Bloom & Carrel

(一)定義：使用工作分析法（Task Analysis）將學習內容切割成細目，再使用診斷處方法（Diagnostic Prescription）

幫助學習者克服學習困難，以達到高成就的策略。

(二)要素：

    1.線索（Cue）：學習材料，教學目標，教學方法。

    2.參與（Participation）：學生是主動的參與學習過程。

    3.增強（Reinforcement）：立即增強以維持學習動機。

    4.回饋（Feedback）與校正（Correctness）。

(三)實施步驟

Mastery Learning

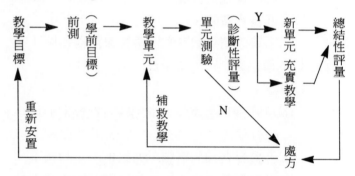

＊Keller個人化系統教學法（Personalized System of Instruction, P.S.I.）

(一)定義：使用目標漸進原理及立即增強原則所設計的教學策略。

(二)特色：會涵蓋輔助員的設計使用，運用到Bloom精熟學習的概念。

(三)要素：

    1.教師提供學習材料，包括教學目標、細目、學習線索、教學方法、教科書的書單參與書目。

    2.強調自我控速（Self-pacing），主動學習。

(四)實施歷程：

    1.教師決定教學目標。

2.瞭解學生的起點行為。

3.設計學習材料，組織學習材料，而且學習材料需經過編序的。

4.由教師提供學習材料，由學生自我控速的練習，練習前老師先介紹學習材料，可能占所有練習時間10％～20％。

5.學生覺得精熟，就可參加評量（形成性的評量）。

6.經過評量之後，有通過的可進行下一階段的學習，沒有通過的，則進行補救教學（在輔助員的協助下所進行的）。

(五)優點：

　　1.強調自我控速（Self-Pacing）所以能符合個別差異。

　　2.具有立即的回饋，因為考試之後馬上有答案做為回饋。

　　3.循序漸進的學習，因為使用的是編序教學的特色。 } 也是PI的優點

　　4.要求熟練，因為都達到精熟。

　　5.符合Vygotsky的鷹架作用，達到合作學習的意義。

(六)缺點：

　　1.學科受限（人文學科較適合）。

　　2.不適合被動的學生。

　　3.流於填鴨，因為每個單元都在考試。

　　4.增加老師的負擔。

＊Gagne' 的影響教學結果的三個條件

(一)學習階層。

(二)學習條件：內在條件v.s.外在條件。

(三)教學事項。

例題篇

 試題1：

古典制約v.s.操作制約。 〔屏師87、慈濟87〕

 解：

一、古典制約是指個體行為中本已具有的刺激反應聯結，經由刺激替代的方式，建立新的刺激反應聯結。其程序為：

1. UCS ⇒ UCR   UCS：Unconditioned Stimulus
2. CS ⇒ CR   UCR：Unconditioned Response
3. UCS ⇒ UCR   CS：Conditioned Stimulus
   CS ⇒ CR   CR：Conditioned Response
4. UCS ⇒ CR

二、操作制約是指實驗者就個體在刺激情境中自發生的多個反應中，選擇其一施予強化，從而建立刺激反應聯結的歷程，其程序為：

$$S_1 \Rightarrow R_1 \Rightarrow R_2 / S_2$$

三、古典制約與操作制約都是行為學派的理論，但兩者對於個體行為產生的解釋不同。

試題2：

負增強作用（Negative Reinforcement）。 〔嘉師85〕

 解：

一、在行為主義學派中，認為凡是能強化個體反應的刺激稱
　　為增強物，經由增強物的設置或安排使個體習得某種行
　　為或反應稱為增強作用。

二、而增強物的消失，強化個體的行為或反應稱為負增強作
　　用。

 試題3：

在教育心理學的歷史發展中獎賞的使用，始終受到爭議，請
分別以行為學派和認知學派說明獎賞的意義，並請以個人的
看法，說明內在動機或外誘動機應如何配合使用？

〔東華85〕

 解：

一、行為學派：

　　根據桑代克的效果律及操作制約的增強原理，可以瞭解
　　人類行為因後果的賞罰的持續或停頓，行為學派認為人
　　的一切行為皆由學習而來，所謂獎賞，是利用種種方式
　　激勵學生繼續向善，目的在予人以快樂，以激勵人行
　　善，行為學派強調使用外誘增強良好行為，在教育上會
　　產生手段目的化的缺點，或使沒有得到增強物的學習者
　　感到挫折。

二、認知學派：

　　認知學派強調認知過程，以為獎賞非只是一制約物，而是因每個人在面臨獎賞如何歸因而定，溫納提出的歸因論認為教師的回饋會影響學習者的歸因方式，所以建立學生對自己行為正確歸因是非常重要的，認知學派重視內誘動機，換言之，獎賞的功效，在於使學生產生價值感、榮譽感。

三、美國心理學家赫洛克做了一項實驗，以四組能力相等的兒童，各組同時予以四天的算術測驗，測驗後，甲組予以讚美，乙組予以譴責，丙組聽到讚美甲組與譴責乙組，丁組則和三組隔離，結果發現甲組成績逐日進步，乙組於受譴責後次日成績進步，但以後繼續受譴責成績反而退步，丙組第二日成績較佳，但由於沒有直接受讚美，以後成績逐漸降低，丁組無特別改變，可見讚美使學生愉快和滿意的情緒效果是積極的，唯在應用獎賞時，應注意有效獎賞原則：

(一)一般而言，獎賞愈大，學習效果也愈大，但獎賞份量仍應與受獎行為相稱。

(二)獎賞應在行為之後立即施行效果最大。

(三)獎賞要有競爭性，但不要使多數人感到失望。

(四)獎賞要公平並堅持原則。

(五)勿以教師好惡為給獎標準，勿抑制潛能的發揮。

(六)可以自我進步為給獎標準，當學生進步時獎之。

(七)建立榮譽感、價值感並非為了物質獎品。

✍️ 試題4：

何謂習慣？習慣對人有何影響？舉例說明如何指導學生建立良好學習習慣？　　　　　　　　　　　　　〔中師86〕

✏️ 解：

一、習慣是指個體所建立的既有模式。

二、習慣對個人的影響非常大，當個體養成某種習慣後，便不容易去改變，因為此習慣已成為其個人的行為模式，對個體而言是行為中自然的一部分了，因此良好的習慣對個體非常重要。

三、良好的學習習慣若能養成，則有助於學習者的學習與效果，進而會影響學習者的動機、自我概念等。因此，指導學生建立良好學習習慣是教師的責任之一。以下舉例說明如何指導學生建立良好學習習慣。

　(一)根據行為主義操作制約的後效強化原則，當個體產生某種良好學習行為時，施予強化，則有助於個體此行為的保留而願意去從事，時間一久，即成為個體的習慣。

　(二)使用認知式行為改變技術，協助學習者，逐步建立良好的學習環境。

　(三)運用Bandura社會學習論的觀察學習原理，以教師本身或已具良好學習習慣學生為楷模，讓其他未見良好學習習慣的學生進行模仿，進而養成良好的學習習慣。

✍ 試題5：

請說明獎勵與懲罰的原理原則，以及在教室情境運用的迷思。 〔北師86〕

✎ 解：

獎勵與懲罰是以操作制約的原理，以增強或消弱的方式，促進學生合宜行為之重複出現，其使用之原則有：

一、審慎選擇增強物（因人而異，擇其所愛）。

二、增強而有立即性。

三、考慮增強物的使用對於個體所形成之剝奪與饜足。

四、以負罰（剝奪權利）為主。

五、罰期要短（太長易引起焦慮）。

六、預警作用（同時約定效果）

在教室情境中，應留心下列情況：

(一)懲罰只能治標而不能治本，教師不可以此做為控制學生的萬能工具。

(二)漣漪效應：

使用懲罰時，宜注意教室情境，避免引起大眾之情境反應，對此產生排斥。

(三)長期生活在挫折中的學生，會導致攻擊行為之出現，教師應注意自身之言語、行為，避免使學生產生習得之無助感。

獎勵與懲罰皆只是短時性的控制手段，其為外鑠而非內發，為達成有意義的學習，教師應從知、情、意三方面著手，激發學生內在真正的學習動機才是正確之道。

何謂「自我效能」（Self-Efficacy）？如何判斷學習者有低的自我效能（此等學習者有何行為與態度）又如何贊助這樣的學習者提昇其自我效能？　　　　　　　〔南師86〕

✏ 解：

一、自我效能的意義：
　　Self-Efficacy是指個體自認自己是否有完成某項任務或工作的能力及完成的程序，個體的自我效能亦與個體的自我概念有關。

二、如何判斷學習者有低的自我效能：
　　(一)出現負面的情緒。
　　(二)出現許多防衛機制。
　　(三)工作不努力，品質低落。

三、自我效能高者則：
　　(一)挫折容忍力高。
　　(二)良好的工作品質。
　　(三)延宕的享樂。
　　(四)高成就的動機。

四、如何提昇自我效能：
　　(一)直接經驗。
　　(二)間接經驗。
　　(三)書本的知識或他人的意見。
　　(四)身心狀況。

思考篇

 試題1：

懲罰v.s.負增強（Punishment v.s. Negative Reinforcement）。

〔屏師87、慈濟87〕

 試題2：

替代性增強（Vicanous Reinforcement）。〔嘉師87〕

試題3：

社會學習論（Social Learning）。

 試題4：

自我效能論（Self-efficacy Theory） 〔北師大88〕

試題5：

何謂自我調節（Self-Regulation）？教師如何指導學生調節自我的行為？　　　　　　　　　　　　　〔中師87〕

試題6：

試從Bandura的三元學習論及Skinner的操作制約論分析暴力行為的產生及行為矯正之道。　　　　　　　　〔南師87〕

試題7：

試比較精熟學習（Mastery Learning）和凱勒計畫（Keller Plan）的異同？

思考篇可參考本人所著——《心理學試題詳解》

第五章　認知取向的學習心理學、教學理論與教學方法

認知取向的學習心理學、教學理論與教學方法

一、定義

廣義：Mayer指出學習是經由經驗，使個體在知識或行為產生持久性變化的歷程，至於學習的種類可分成；(1)反應的學習；(2)概念的學習；(3)機械式的學習；(4)文章的學習。

狹義：Miller（IPT）認為學習是個體在環境中，經由感覺、知覺、轉換、辨識和記憶等內在心理活動，以吸收知識、運用知識和貯存知識的歷程。

二、知識的種類

Mayer
(一)語意性知識Semantic Knowledge。
(二)程序性知識Procedual Knowledge。
(三)策略性知識Strategic Knowledge。

Paris, Lipson, Wixson
(一)敘述性知識Declarative Knowledge。
(二)程序性知識Procedual Knowledge。
(三)條件性知識Conditional Knowledge。

三、學習的特徵

(一)個體的學習是目標導向的。
(二)學習是訊息處理的過程。
(三)學習的先備知識和經驗十分重要。
(四)學習的重點是以既有的認知架構為基礎，對新刺激的領
　　會。

四、學習模式——認知取向的觀點

(一)Kohler的頓悟學習（Insight Learning）
　　內容：1.問題解決的出現是突然獲得的。
　　　　　2.認知的改變可順利轉移在行為上。
　　　　　3.認知的改變可順利保留在長期記憶上。
　　　　　4.學習的結果可產生遷移。
(二)Tolman的符號學習（Signs Learning）
　　內容：1.學習者對於學習內容，必須擁有預期的心理。
　　　　　2.學習的結果就是認知架構的完成。
(三)Lewin的場地論（Field Theory）
　　內容：$B：F（P×E）$
　　　　　B：Behavior
　　　　　P：Person
　　　　　E：Environment

五、認知取向的教學理論和教學方法

廣義認知學派的教學：

(一)Piaget的發生知識論（參考第二章）

　～學習是思維方式的改變

　1.基本概念

　　⑴基模　⑵調整　⑶同化　⑷順應　⑸均衡　⑹組織

　2.配合學習者的認知發展階段＝自然預備度

　　⑴感覺動作期　⑵前運思期　⑶具體運思期　⑷形式
　　運思期

　3.教學方法（Piaget式的教學法＝新認知學派）

　　Joyce & Weil, Slavin：

　　設計一個足以讓學習者困惑的情境

　　　　　　　↓

　　引發學習者的行為反應，並故意提供相反的看法、意
　　見，偵測其反應

　　　　　　　↓

　　提供相關的作業供其遷移

　　　　　　　↓

　　將認知發展層次相近的同學安排在一起，則發展層次
　　較高的可以去協助發展層次較落後的同學

(二)Bruner的表徵系統論／發現學習論（參考第二章）

　1.定義：

　　Solso個體經由各種的認知活動將外在的事物轉換成內
　　在心像的歷程。

　2.表徵發展的過程：

　　動作表徵→形象表徵→符號表徵。

　3.發現學習論（Discovery Learning Theory）：

　　⑴Bruner學習的定義：

　　　由學習者主動探索外在事物，並將外在事物納入內
　　　心真實世界的模型，此模型（Schema）就是外界事

物的表徵。

(2)種類：

①純發現式。

②引導發現式。

③說明發現式。

4.啟發式教學法（Discovery Teaching Method）：

(1)定義：讓學習者在問題的情境中，主動探索問題的原理原則，以解決問題的教學策略。

(2)設計原則：

①結構原則。

②順序原則。

③動機原則。

④增強原則。

(3)啟發式教學法的實施條件（Bichler & Sowman, 1986）：

①選擇適當的時機。

②在輕鬆自由的氣氛下進行。

③安排適當的教學情境，使學生較易發現知識。

④提出特定問題供學生討論（非結構式問題）。

⑤討論方式可採分組或全班討論。

⑥教師擔任觀察者角色故應保持緘默，惟當學生發生偏差行為阻礙教學時，應介入處理。

⑦選一位紀錄者，紀錄學習活動進行情形。

⑧要求學生把他們的發現寫下來，然後再加以討論。

⑨教師可指導學生解決問題的技巧。

⑩應鼓勵學生自己探討及解決問題。

(4)啟發式教學法的優點（Bruner, 1960）：

①可使學生更易瞭解教材內容而產生有意義的學習。

②有助於學後保留。

③有助於正向學習遷移。

④可以「學習如何學習」。

(5)啟發式教學法的限制：

①教學進度不易配合。

②適用學科內容的限制。

③適用對象的限制：先備知識與技能。

④形成壓力。

(三)Ausubel的有意義學習

1.有意義學習論的要義

～惟有經學習者自行發現知識意義的學習才是真正的學習。

(1)有意義的學習產生於學生的先備知識基礎上。

(2)概念：$\dfrac{\text{要領概念}=\text{先備知識}=\text{認知結構}}{\text{附屬概念}}$。

(3)前導組織Advance Organizer

～結合新舊概念（要領概念）而利於學習的教學步驟。

(4)接受式學習（講解式教學法）

將各種訊息加以邏輯組織後，在以最後之形式Final Form呈現給學習者，學習者再將他們與已有之知識相聯結。

2.講解式教學法的實施步驟與流程

(1)步驟

確立教學目標→決定教學內容的形式→選取或選擇適當的例子。

(2)流程

①考慮學生的預備狀態Readiness。

②呈現前導組織Advanced Organizer

　　　　陌生的學習材料～講解式組織Expository Organizer

　　　　熟悉的學習材料～比較式組織Comparative Organizer

　　　③以漸進分化Progressive Differentiation原則呈現

　　　　教材概括→分化。

　　　④辨別異同，以促進統整調合Integrative Reconciliation

　　　　釐清教學內容的相似點、相異點等。

　3.講解式教學法的優點

　　(1)教學時間較為經濟。

　　(2)學生易獲得系統的知識。

　　(3)符合有意義學習的原則。

　4.講解式教學法的限制

　　(1)傳統課程內容不容易與此一教學法配合。

　　(2)教師能力的限制。

　　(3)學生學習態度的限制。

(四)訊息處理理論（Information Processing Theory, IPT）

　1.定義：個體在環境中經由感覺、知覺、注意、辨識、
　　轉換和記憶等內在心理活動，以吸收知識、運用知識
　　和貯存知識的歷程。

　2.要素：

　　(1)基模

　　(2)符號

　　(3)概念：使用性、狀態性、有效性、相對性

　　(4)原則：正式v.s.非正式關係

　　　　　　轉換v.s.非轉換關係

　3.模式

　　(1)Broadbent～A Filter Theory

S→SO→STM→選濾→限量通徑→LTM

(2)Atkinson & Shiffrin～Buffer Theory

S→$\underline{SO}$→STM $\boxed{\text{Buffer}}$ →LTM
  $\overline{SM}$

(3)Lindsay & Norman 1977, Mayer 1981

S→$\underline{SO}$ →STM→B
  $\overline{SM}$
       LTM

(4)張春興

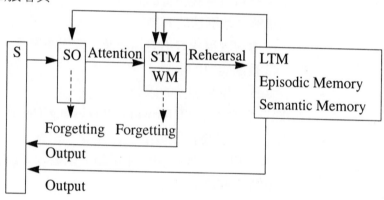

4.測量記憶的方法

　(1)Recall：Unstructured Recall v.s. Strustured Recall

　(2)Recognition

　(3)Saving Method

5.記憶效應

　(1)Serial Effect：Primacy Effect v.s. Recency Effect

　(2)Flashbulb Effect（Episodic Memory）

　(3)Restorff Effect

6.增進記憶的策略

⑴持續性複誦：累積性複誦，部分複誦，叫出名稱（Naming）

⑵組織：Chunking Strategy, Grouping.

⑶精緻化：視覺心像精緻化、語文精緻化

⑷理解監控策略：監控式注意，Self-Talk

⑸情意策略（Yerkes-Dodson Law）

用機械學習法學習陳述性知識

①加強STM的策略：先從注意著手，多碼並用原則，Chunking Strategy，複誦。

②加強LTM的策略：練習、字鉤法、軌跡法、關鍵字法、主觀組織法。

用意義學習法學習陳述性知識：理解為要，雙向處理（SQ3R），培養讀書技巧（圈點畫線、生字註解、筆記摘要）。

＊程序性知識的學習：漸進分化，IPT

7.遺忘的相關理論

⑴痕跡論。

⑵干擾論：順攝抑制v.s.倒攝抑制。

⑶動機性遺忘。

⑷生理機能的遺忘。

⑸舌尖現象。

8.增進學生記憶，避免遺忘的教學原則

⑴培養學習者的注意力。

⑵呈現教學目標，引發學習動機。

⑶組織的結構性。

⑷增進學習者後設認知的能力。

⑸過度學習。

⑹心向作用。

(7)有意義的學習。

(五)Vygotsky的環境中心教育

  1.基本概念

    (1)社會文化因素有助於認知的發展。

    (2)語言能力有助於認知發展，個體的語言發展階段為
前心智階段→缺乏經驗性和判斷性階段→外在符號
主宰階段→內化語言階段。

    (3)教學重點在ZPD

      ┌ 定義：在成人的協助或有能力的同儕合作之下，兒
童所表現出的問題解決能力，將超越單獨時
所表現出的問題解決能力到達潛在發展層
次。

      └ 取向：鷹架作用（Scaffolding）
文化取向
社會取向

  2.教育意義：

    (1)ZPD。

    (2)強調師生互動和同儕合作。

    (3)適時輔導學生是不二法門。

    (4)學得的知識必須和生活經驗息息相關。

    (5)教學評量是認知建構的歷程。

    (6)語言的訓練，十分重要，強調Private Speech。

(六)知識建構論＝建構論＝建構主義

  1.中心概念Von Glasersfeld

    (1)知識是由個體主動建構的。

    (2)知識建構的目的是為了適應新環境。

    (3)知識建構的歷程是個人經驗合理化的結果。

  2.來源

   ┌─ Piaget的發生知識論。

   └─ Vygotsky的ZDP。

3.設計原則

  (1)主動原則。

  (2)適應原則。

  (3)發展原則。

4.建構主義的教學模式：Drive & Oldham

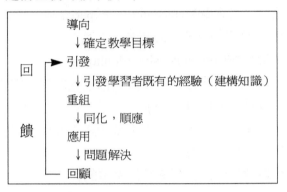

＊教學方法：

  (1)合作學習。

  (2)交互教學法。

  (3)新皮亞傑式教學法。

  (4)啟發式教學法。

  (5)探究法。

5.優、缺點：

  (1)優點：強調主體性。

       強調多元文化。

       當今教育的主流。

       重建構歷程，而非結果。

  (2)缺點：每個人建構歷程均不相同。

       因善而害真。

六、後設認知與教學

(一)定義：後設認知Metacognition（反省認知、原認知）是指個人對自己認知歷程的知識和覺察（Flavell, 1981）。

(二)後設認知的分類（Flavell, 1976）。

　　1.後設認知知識Metacognitive Knowledge。

　　2.後設認知技能Metacognitive Skill。

　　3.後設認知經驗Metacognitive Experience。

(三)與學習有關的三種後設認知（閱讀）

　　1.理解監控Comprehension Monitoring

　　　～指個人對自己是否瞭解自己正在閱讀什麼的覺察。

　　2.自我檢核Self-Checking

　　　～指個人覺察自己是否正確的將文章加以解碼。

　　3.對閱讀目標之敏感度

　　　～根據自己的目標來調節閱讀的技巧。

(四)培養後設認知的教學原則（Armbruster & Brown, 1984）（Glover et al., 1981）

　　1.提示學習者不同的學習活動需要不同的學習方法。

　　2.提醒學習者學習材料中有重要的線索。

　　3.提醒學習者注意自己的學習特性。

　　4.教師教導一些基本的認知策略。

　　5.由教師或有能力的同儕示範。

　　6.逐漸減少指導語。

　　7.全人教育。

(五)在教育上的意義

　　1.要求學生學到後設認知並非易事，學成之後卻非常有用。

　　2.教師必須先對教材有後設認知。

例題篇

 試題1：

維果斯基（L. S. Vygotsky）與皮亞傑（J. Piaget）認知發展論的主要差異何在？試分析說明之。

〔中山88、嘉師88、中師85〕

 解：

比較主張學習	Piaget	Vygotsky
1.基本主張	智力發展階段說，認為個體的智力發展是循序漸進，不可踰越的。	可能發展區理論，認為個體可以在成人的協助或同儕合作下，提昇認知發展的層次。
2.對預備狀態的看法	自然的預備狀態。	加速預備狀態。
3.對社會文化的看法	強調個體主觀的知識建構，不重視社會文化的影響。	認為社會文化對於個體認知發展有重要的影響。
4.對語言的看法	Egocentric Speech	Private Speech。
5.對教學情境的看法	主張以兒童為中心。	偏向以環境為中心。
6.對知識來源的看法	屬激進的建構主義者。	屬社會建構主義者。

試題2：

何謂「建構主義」（Constructivism）？安排符合建構主義式
教學需要注意哪些原則？　　　　　　　　　　〔南師86〕

解：

一、建構主義的意義

(一)個體是主動的建構知識，而不是被動的接受。

(二)知識的建構過程具有發展性和演化性，並非是一成
　　不變的。

(三)知識並非在說明真理，而是個人經驗的合理化，因
　　此對於同一情境，每個人所建構出的知識並不相同。

二、建構主義式教學的原則

(一)教師的角色是協助者、問題設計者，學生才是主體。

(二)最好的教學模式是合作學習，傳統的講演、記憶、
　　複誦等方式並不適合知識建構。

(三)先備知識與經驗影響知識建構。

(四)學習的重點在可能建構區域可能獲得的結果，而非
　　學習者現在會什麼。

(五)傳統的評量方式已不適合了，知識建構評量的方式
　　與工具應由教師、學生及其他相關人員共同決定。

試題3：

請比較啟發式教學法（Discovery Teaching Method）和講解
式教學法（Expository Teaching Method）的差異及其優缺
點。身為教師，你要如何恰當應用這兩種教學法？

〔嘉師86〕

✎ 解：

Bruner所提出的啟發式教學法與傳統的講解式教學法有相當大的差異，而講解式教學法又可依學生是否是主動求知而分為機械式學習與有意義學習，兩者差異頗大，以下列表比較二者的不同及其優缺點，並說明教師應如何恰當應用。

一、啟發式教學法與講解式教學法（包括機械式學習與有意義學習）的比較，及其優缺點：

	啟發式教學法	講解式教學法
1.提出者	Bruner	Ausubel
2.意義	教師安排情境，使學習者在問題的情境中主動發現解決問題的原理原則，並獲得知識的教學方法。	教學將教材內容加以邏輯組織後，以Final Form呈現。給學習者，學習者將既有的知識經驗與新的教材內容結合，主動的求知。
3.優點	①有助於學習者將知識儲存於LTM中 ②有助於產生學習遷移 ③學到的是方法、能力 ④利於往後獨立求知、研究 ⑤有助於維持學習動機 ⑥益於智力發展與提昇	①教學時間較經濟 ②可進行系統化的教學 ③容易達成有意義的學習，而產生自我滿足的快樂
4.缺點	①學科受限 ②對象受限 ③教學進度不易控制 ④不適合被動的學生 ⑤個體會形成壓力 ⑥老師本身的能力也很重要	①學科受限 ②對象受限 ③不適合被動的學生 ④老師本身的能力也很重要

二、教師恰當應用的方式

(一)視不同學科調整教學方式，教師可調整自己的教學方法。

(二)視不同學習對象調整教學方式。

(三)視教學時間的長短調整教學方式。

(四)教師在教學設計上，應考慮各方的條件，如：學習者的先備知識、課程內容的難易、教學目標等，綜合各種教學方式的優點，進行教學方能使學習者達到最佳的學習效果。

 試題4：

從訊息處理模式中瞭解人類的記憶分為三種類型，針對人類記憶的特性，請舉例說明教師在教學時應教導學生何種策略才能有助於學生學習。　〔北師86〕

✏️ **解：**

一、訊息處理理論又稱信息加工論，是解釋人類如何經由感覺器官覺察，注意辨認轉換或記憶等內在的心理活動，以對外在刺激有所反應，並吸收運用知識的歷程，由Mayer的記憶模式可知，人類記憶的三種類型：

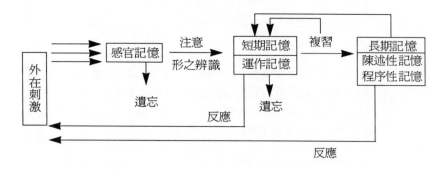

(一)感官記憶：指個體憑視、聽、味、嗅等感覺器官，感應到刺激時所引起的短暫記憶，感官記憶只留存在感官層面，如不加注意，轉瞬即消失。

(二)短期記憶：指感官記憶中經注意而能保存到20秒以下的記憶，短期記憶是訊息處理的中間站，還需繼續加以處理，否則就會消失。

(三)長期記憶：指記憶中之能夠長期甚至永久保存者，吾人日常生活中隨時表現出的動作、技能、語文、文字、態度、觀念，以至於有組織、有系統的知識等，均屬之。

二、針對人類記憶的特性，說明教師在教學時應教導學生何種策略，以助學習。

(一)感官記憶重在集中注意

1.減少分心刺激：選擇安靜的讀書環境，使讀書的活動單純化。

2.使目的單純化：目的單純，心路專一。

(二)短期記憶有四項原則

1.善用聲碼為先的原則：學習語文材料時，聲碼最重要，故學英文或國文時，須先求讀音正確。

2.擴大意元與記憶廣度：記憶廣度的限制，一般人只能20秒之內，記下7±2意元，但是可以利用意元集組的方式，將多個分離的意元，組合為一有意義的大意。

3.發揮運作記憶的特徵：在短暫的時間內，對所知覺到的訊息，特別予以思考，以便處理。

4.複習後輸入長期記憶：短期記憶若不及時複習，則不容易達到輸入長期記憶的目的。

(三)長期記憶採多種策略

1. 多重編碼策略：在學習時應按材料的性質予以多重編碼，以利記憶，如同時在記憶中編好形碼、意碼、動碼。
2. 軌跡法：指用於帶有空間順序關係材料的學習與記憶方法一般用於事後追述記憶，使記憶中貯存的資料，在檢索時較易循軌跡找到。
3. 關鍵字法：一種運用心像聯想的方式以便於記憶人名的方法，後用於學習外文。
4. 主觀組織法：指面對多種彼此不相類屬事物時，個人仍予主觀地組織以便於記憶的心理傾向。
5. 情境助憶法：指利用以前學習時的情境，幫助記憶的一種方法。

 試題5：

L. S. Vygotsky對於兒童認知發展的主要觀點為何？試簡要說明之。　　　　　　　　　　　　　　　　　〔中師86〕

✎ 解：

Vygotsky的兒童認知發展論在新近受到廣泛的重視，又稱為ZPD理論。

一、ZPD的意義（近側發展區）

　　ZPD（Zone of Prokimal Development）是指學習者在成人的協助之下或較有能力同儕的合作下，所表現出的問題解決能力將超越個別解決問題的能力而達到潛在發展的層次。

二、ZPD的解釋取向

　　(一)鷹架作用Scaffolding：在成人的協助下，有助於學習

者的發展。

　　(二)文化取向：由日常生活知識到科學知識是有差異
　　　　的，教育的目標應使日常生活知識與科學知識結
　　　　合。

　　(三)集體取向由個別的學習活動轉變為社群學習是較好
　　　　的學習方式。

三、教育上的意義

　　(一)社會文化是影響個體認知發展的重要因素。

　　(二)認知思維與語言發展密切相關。

　　(三)教學的最佳效果產生在可能發展區。

　　(四)適時的輔導學生是教學的不二法門。

　　(五)培養並注重師生及同儕互動。

　　(六)有意義的學習。

四、限制

　　(一)大班教學下，實施ZPD理念有其困難存在。

　　(二)ZPD的界限不易確定。

 試題6：

請以目前認知發展的幾種重要觀點，來說明教師在安排教
學時應考慮哪些事項？為什麼？　　　　　　　〔東華86〕

✎ 解：

目前認知發展的重點包括Piaget的認知發展論，Bruner的表
徵系統論，與Vygotsky的可能發展區理論。以下分別說明，
並說明教師安排教學時應考慮的事項。

一、Piaget的認知發展論

　　(一)理論重點

1.Piaget將個體的認知發展分為四個階段：
(1)感覺動作期。
(2)前運思期。
(3)具體運思期。
(4)形式運思期。
2.Piaget認為個體的認知發展受遺傳與環境的交互作用。
3.認知發展論等於智力發展論，而個體的智力發展並非是知識量的增加，而是思維方式的改善。
4.個體的認知發展具有共同模式（階段性、順序性）但發展的速率只有個別差異。

(二)教學注意事項
1.理性移情：教學中，教師須站在兒童的立場，設身處地為其著想。
2.循兒童認知發展階段，設計教材教法。
3.針對兒童的個別差異，實施教學。
4.保持興趣主義，學習需要行動，而行動來自於有趣的情境。
5.新進步是建立在先前的進步上。
6.質的改變比量的增加更重要。

二、Bruner的表徵系統論
(一)理論重點
1.心像表徵是指個體將外在事物，經由心理活動，轉換為心像符號，儲存在認知架構中。
2.Bruner將個體心像表徵發展分為三階段：
(1)動作表徵期。
(2)形象表徵期。
(3)符號表徵期。

3.根據表徵系統論，Bruner提倡啟發式教學法。

(二)教學注意事項

1.結構原則。

2.順序原則。

3.動機原則。

4.增強原則。

三、Vygotsky的ZPD理論

(一)理論重點

ZPD是指學習者在成人的協助或較有能力同儕的合作下，所表現出的問題解決能力，將超越其個別的問題解決能力，提昇到可能發展的層次，而個體目前實際發展階段與可能發展層次的差距，即為可能發展區（ZPD）。

(二)教學注意事項

1.社會文化是影響個體認知發展的重要因素。

2.認知思維與語言發展密切相關，兒童自我中心語言有助於兒童的認知發展。

3.學習者目前的實際發展區是教學的基礎，而教學活動的最佳效果產生於可能發展區。

4.適時的輔導學生是教學的不二法門。

5.培養並注意師生及同儕互動。

✍️ 試題7：

有人學了Freight後，把原來會拼的Fleight，這是：

(1)順攝抑制（Proactive Inhibition）。

(2)倒攝抑制（Retroactive Inhibition）。

(3)初始效應（Primary Effect）。

(4)時近效應（Recency Effect）。　　　　　　〔中正86〕

✐ **解：**

(2)

✍ **試題8：**

請從生手與專家在問題解決上之差異的觀點在教學上可知
如何將生手變成專家？ 〔花師85〕

✐ **解：**

一、問題解決的差異

生手	專家
Chunking小	Chunking大
逆向運作（未知⇒已知）	順向運作（已知⇒未知）
邏輯推理	經驗法則
片段性思考	整體性思考

二、如何使生手變成專家？

(一)提供豐富知識基礎的訓練。

(二)一般問題解決策略的訓練。

(三)教導成份技能，著重於問題解決歷程，期望產生特
定遷移。

(四)高徑遷移。

(五)培養自我調節技巧。

思考篇

 試題1：

布魯納（Bruner）。 〔彰師87〕

 試題2：

鷹架教學（Scaffolding）。 〔高師大資教88、東師87〕

試題3：

心理表徵（Mental Representation）。　〔國北師88、慈濟87〕

 試題4：

認知v.s.後設認知（Cognition v.s. Metacognition）。
〔高師大資教88、高師大成教88、高師大88、慈濟87〕

✍️ **試題5：**

敘述性知識v.s.程序性知識（Declarative Knowledge v.s. Procedural Knowledge）。 〔花師85〕

✍️ **試題6：**

約克士──杜德遜法則（Yerkes-Dodson Law）。
〔北師大心輔88、東華88〕

試題7：

情境認知（Situated cognition）。 〔中山88〕

 試題8：

潛在發展區（Zone of Proximal Development）／Vygotsky

〔高師大88、彰師87〕

✍️ 試題9：

前導組織（Advanced Organizer）。

〔高師大資教88、北師87〕

✍️ 試題10：

認知學徒制（Cognetive Apprenticeship）　　　〔高師大88〕

✍️ **試題11：**

精熟學習（Mastery Learning） 〔中山88〕

✍️ **試題12：**

交互教學（Reciprocal Teaching） 〔國北師88、南師88〕

試題13：

概念構圖（Concept Mapping）。　　　　〔花師88、中山88〕

 試題14：

初始效應v.s.最近效應（Primacy Effect v.s. Recency Effect）。

試題15：

請以目前認知發展的幾種重要觀點，來說明教師在安排教學時應考慮哪些事項？為什麼？

試題16：

背景：David P. Ausubel早在1963年提出「認知同化論」來闡釋「有意義學習」的重要性，但是，畢其一生終究未能提出任何具體可行策略。直至Joseph D. Novak將其發揚光大，發展出所謂的「概念構圖」方法，充份發揮該理論的價值，同時Popper, Glaserfeld亦提出「建構主義者的知識論」看法，這些學者對於人類如何習得知識一事，似乎持相似論調。

問題：依據上述背景資訊說明何謂「有意義學習」？並闡述該理論學說對當今教育的啟示。　　　　〔政大87〕

試題17：

試從認知心理的觀點分析並說明教導學習者成為一個好的
訊息處理者（good information processor）或思考者（a good
thinker）應具備的要件。　　　　　　　　　〔北師大心輔88〕

思考篇可參考本人所著——《心理學試題詳解》

第六章 人本取向的學習心理學、教學理論與教學方法

人本取向的學習心理學、教學理論與教學方法

一、定義

　　人性的本質是善，只要後天環境得當，個體就會自然地成長，所以教師應從學生的主觀需求著手，幫助學生學習他所喜歡的且自認有意義的知識，學校教育應以情意教育為主，知識教育為輔。

　　人本主義心理學特點（Bugental, 1967）：

1. 人類的經驗及心理異於動物。
2. 所研究的主題應符合人類的生存意義。
3. 兼顧外顯行為與內在歷程（主觀性）以研究人類行為。
4. 理論心理學與實用心理學乃相輔相成，不可分割。
5. 考慮個體的個別差異。
6. 心理學的研究應以積極的充實人類生活，謀求人類福祉為依歸。

二、學習模式──人本取向的觀點

(一)Abraham Harold Maslow（馬斯洛）的需求階層理論

　　1. Maslow主張教師的任務不是教學生知識而是為其設置良好的教學情境。

　　2. 人性含有相對的兩種力量：

⑴知的恐懼：退縮防衛。

⑵進取力量。

3.教師需注意學生基本需求的滿足與否。

(二)Arthur Combs（康布斯）的情意教育理論

情意需求Affective Need→情意教育→培養健全人格（道
德教育）

1.情意教育

～注重學生情感的發展以及態度、品德、價值觀念等
培養。

2.教師在輔導學生的過程中，必須瞭解學生對該一情境
的知覺

知覺Perception

～一種具情感性的主觀感受，是個人行為的基礎

3.全人教育的目的

⑴學校教育應針對學生的知（知識）、情（情感）、
意（意志或動機）的需求加以設計，使學生的潛力
得以開發。

⑵知、情、意的自我實現及自立立人。

⑶培養學生符合現在及未來生活需求的知識、技能。

⑷因材施教，重視個別化原則。

⑸教育活動必須兼顧學生的知、情、意三需求。

⑹營造具挑戰性卻無威脅性的校園氣氛。

⑺自尊及尊重他人。

(三)Rogers（羅吉斯）的學生中心教育理論

＊Client-Centered Therapy＝Person-Centred Therapy
輔導員Counselor的角色：

1.真誠一致Congruence。

2.無條件積極關注Unconditional Positive Regard。

3.同理心Empathy：

初層次同理心

高層次同理心

＊教育理念

1.學生中心教育Learner-Centered Education。

2.以自由基礎的學習原則Freedom to Learn：

(1)學習是一種天賦（Curiosity）。

(2)教材有意義且符合學生的目的才會產生學習。

(3)在較少威脅的教育情境下才會有效學習。

(4)使學生能自動自發全心投入學習，才能產生良好的學習效果。

(5)幫助學生自評學習結果，以增進其思維與創造力。

(6)教學活動生活化，以培養學生的生活能力。

三、人本取向的教育實踐

(一)道德教育（Moral Education）的培養

1.不另設道德學科，而在平常教學中進行道德教育

(1)實施內容

輔導學生瞭解並接納自己

↓

群己關係

↓

Social Norm

↓

個人權利與義務
↓
前程規劃
↓
建立適當的價值觀

(2)如何在一般教學科目中培養道德教育(London, 1987)：

①自然學科：務實求真、環境

②生理衛生科：身體保健與人口教育

③社會學科：人與社會的關係、價值觀

④體育學科：團隊精神、公平競爭

⑤日常生活：守時、守信、守分

(3)間接取向的道德教學：只有道德認知而無道德實踐，傳統的德育方式：

①Rath, 1966提出價值澄清法Value Clarification價值觀（價值標準）→價值判斷

②Köhlberg的Dilemma

(4)直接取向的道德教學～道德行為的實踐

～師生共訂行為規範及獎懲方式

Lickona　1988

①教師需以身作則

②具歸屬感的班級氣氛

③不宜過份重視分數

④採民主方式處理違規事件，當事人可提出申辯

⑤有關班級的活動，學生需公開討論，奉守會議結果

⑥以Team Work學習知識與技能

⑦提出非結構性Problem或Issue以供價值澄清

⑧Model的批判

⑨參與公益性與道德性服務活動

(二)開放教室Open Classroom＝開放教育Open Education的設立

Neil的夏山學校

特徵：

1. 學生是主動的學習者
2. 採診斷式的自我評量
3. 不採用固定課本式教材
4. 個別化教學
5. 採年齡與能力混合編班
6. 無隔間教室
7. 協同教學Team Teaching

(三)合作學習（Cooperative Learning）的精神

～在教學過程中，學生們以主動合作學習方式，代替教師主導地位，以培養學生主動求知的能力，團隊精神及人際溝通能力。

特徵：

Johnson & Johnson 1984

1. 分工合作、責任分擔
2. 密切配合
3. 各自盡力
4. 社會互動
5. 團隊歷程：

陳述教學目標

↓

進行分組

↓

分配角色，進行互賴

↓

設計教材，促進交互依賴

↓

說明學習目標、工作和活動

↓

建立積極的目標和個別績效

↓

說明成功的規準及期許的行為

↓

進行追蹤和指導

↓

實施評鑑和回饋

四、人本教育的優、缺點

(一)Child對人本主義心理學提出四項批評：

1.概念模糊
2.概念性結論 ←→ 操作性結論
3.難以推論
4.因善而害真

(二)Toby 1980：新放任主義New Permissivism

(三)Beane, 1986對於情意教學的失敗，提出批評：

1.缺乏明確目標
2.缺乏周詳設計

3.缺乏評量依據
4.缺乏共識

(四)人本教育的優點：

1.強調全人教育的重要性
2.重視個別差異性
3.重視個體的主觀知覺

例題篇

試題1：

試述人本主義學派（如：馬斯洛、羅吉斯）對學習的看法，及其在教育上的應用，並評論之。 〔嘉師86〕

解：

一、Maslow對學習的看法

(一)人天生有求知的需求，其動機來自於自我實現，但個體是否有自我實現的需求，則視個體的基本需求是否獲得部分的滿足。

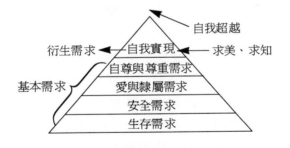

(二)當個體在追求自我實現時，中心會產生兩股力量，一為積極進取的力量，一為退縮防衛的力量，所以個體是否會完成自我實現，則視哪股力量較大。

二、Maslow需求階層理論在教育上的意義

(一)學習是內發的，應由學生自己選擇與決定，學習他

所喜歡且認為有意義的知識。

(二)學生具有學習的潛能，教師的任務並非教導學生知識，而是為其設置良好的學習環境，讓他順利發展潛能。

(三)教師應注意學生的基本需求是否獲得滿足，當學生的基本需求獲得部分滿足時，才有學習和自我實現的需求。

(四)適當的教育可使學生心智獲得發展，而不當的教育反而危害兒童的心靈，因此教育責任重要。

三、Rogers對學習的看法

(一)人天生即有向上的潛力。

(二)學習是一種天賦。

(三)當學習者發現教材內容有意義，且符合學生學習目的時，才會產生學習且學習的效果最好。

(四)當學習的材料會引起學習者自我結構改變或學習環境產生威脅時，個體會產生焦慮，抗拒學習。

(五)當學習者能自動自發全心投入學習，才能產生良好的學習效果。

(六)學生自我評量會優於他人的評量。

(七)教學活動應該要生活化以培養學生生活能力，而最有效的學習是對學習再學習（Learn to Learn）。

(八)Rogers認為，成功的教師應與成功的諮商員相同，對學生的態度做到真誠一致，無條件的積極傾聽及同理心。

四、人本主義在教育上的應用

(一)合作學習

(二)道德教育

(三)情意教育

(四)開放式教育

試題2：

請簡述羅吉斯（C. Rogers）的學習理論之要義，並對此理論國內之應用加以評論。　　　　　　　　　　　　　〔北師86〕

解：

羅吉斯（Carl R. Rogers）是人本主義心理學創始人之一，亦是人本治療學派的鼻祖，其非指導式的諮商理論，對後世心理治療理論影響極大。茲就其學習理論之要義及應用略述如後：

一、以學生為中心的教育理念：

案主中心法療法，優良治療員的基本條件

(一)真誠一致。

(二)無條件積極關注。

(三)同理心。

二、學習原則：自由學習（Freedom to Learn）

(一)人皆有其天賦的學習潛力。

(二)教材有意義且符合學生目的者才會產生學習。

(三)在較少威脅的教育情境下才會有效學習。

(四)主動自發全心投入的學習才會產生良好學習。

(五)自評學習結果可養成學生獨立思維與創造力。

(六)除知識外，重視生活能力以適應變動的社會。

三、在教育上的應用：開放教育（Open Education）

(一)理論基礎

1.人文主義：Rogers，人性化兒童。

2.批判理論：提昇個人自覺的意識。

3.建構主義：知識是由個體與環境交互建構而來。

(二)特色

1.時間、空間開放。

2.個別化教學。

3.學生混齡分組。

4.主動學習的角色。

5.協同教學，激發教師潛能。

6.採診斷式評量。

(三)國內概況

開放教育是臺灣最新盛行的教育型態，而在日本開放教育已推行二十多年，在我國前往日本橫濱市本町國小的訪問中，可見日本開放教育中，教師們的專業及其敬業態度。目前，部分縣市政府亦積極推廣開放教育如：北縣三重市的集美國小，即是採開放式的班群式教學，以培養合群又能幹的人才為教育目標。期待籌備中的健康國小，在公元二千年時，能帶給北市的兒童一個開放教育之最要佳成長與學習的示範，除了開放的空間之外，更能有開放的文化與精神內涵。

試題3：

開放教育的教學設計和傳統的教學方式有何差異？試比較
之。 〔嘉師85〕

 解：

比較項目＼教育方法	開放教育	傳統教育
1.理論依據與哲學	以兒童為中心的進步主義與人本主義的哲學思想。	以成人為主的精粹主義的思想。
2.學習主體	兒童。	老師或父母。
3.學習動機	主動的感興趣。	被動的訓練或背誦。
4.教育目標	個別化、全人化。	社會化。
5.教材選擇	由學生針對自己的興趣與需求，作適性的選擇，因此較重視原則、方法、創造與情意，不採取固定的課本。	由成人根據學習者特性與學校教育的需求等事先設計的教設的教材，較重視經籍、典章、事實、格言，通常有固定課本。
6.教學重點	重視學習者"How to Learn"。	重視教師"How to teach"。
7.教學環境	重視學習環境的佈置，通常採取無隔間開放教室。	不重視學習環境的佈置，有固定的教室與座位。
8.學習模式	年齡與能力混合編班。	採同年齡與能力分班。
9.教學氣氛	自由、活潑、快樂、開放。	嚴肅、呆板、缺乏彈性。
10.教學方式	重視學習者的個別差異，強調使每位學習者獲得適性的發展。	重視團體的學習成效，因此偏重理論與概念上的訓練。
11.教學評量	重視形成性評量與診斷式自我動態評量，強調自我的競爭、成長。	重視總結性評量與紙筆測驗，注重與他人的競爭。

✍️ 試題4：

合作學習的基本要素是什麼？這些要素在教室中有何意義？

〔花師85〕

✏️ 解：

傳統的學習方法有三種：個別化的學習、競爭式的學習、合作學習，而近來在教學理論與實際上，卻有逐漸強調「合作學習」的趨勢。「合作學習」乃是透過分工合作以共同達成學習目標的一種學習方式，其基本要素有：

一、集體取向

有別於「個別化」的學習，合作學習是將學生分組，而讓各小組的成員共同努力完成小組的目標，這種團體學習，不僅可訓練個體的團隊精神，促進社會以及情意方面的學習效果，又分組時多以「常態」的方式來分，每組均含不同能力的學習，彼此互相學習達到如Vygotsky「鷹架理論」的作用使每個成員的能力獲得再度的提昇。

二、文化取向

「合作學習」的學習重點不僅在科學上的知識（學科理論），也相當重視日常生活的知識（社會情意），故為三種學習方法中最好的一種。

三、獎懲辦法

分為個人表現和團體表現兩種，讓個體在追求團隊榮譽之下，又能表現自己，而教師獎勵個人表現又可激勵其它同儕，故又含有「競爭式學習」的美意。

四、教師方面

雖然「合作學習」的重點是在學生學習上，但教師方面亦是不容忽視的，教師在合作學習中扮演著極重要的角色，不僅要配合學習目標選擇或自編學習的素材，且要在學生的學習過程中，引導學生使用舊有的知識去探索新的知識，最後更要確定學生所獲得的新知是學生自己的知識及經驗所建構而成的，以達「有效學習」的目的。

五、學生學習責任制

合作學習強調讓學生成為學習的主導者，讓學生自己主動的去建構知識，故學生須對自己的學習負責，而這種重視學生學習責任制的方法，將是未來中小學教學型態的主流。

思考篇

 試題1：

合作學習 〔高師大88、東華85〕

 試題2：

需求層次論 〔慈濟87〕

試題3：

試說明開放班級（open classroom）對兒童認知與社會情緒
發展的影響　　　　　　　　　　　　　　　　〔國北師87〕

 試題4：

試述人本主義對國內教育的影響　　　　　　　　〔屏師87〕

第七章　學習動機

學習動機

一、定義

引起學生學習活動，維持學習活動，並導使該學習活動趨向教學目標的一種心理性歷程（心理性動機的一種）。

二、種類

Brophy, 1987

(一)普遍型學習動機 General Motivation to Learn

(二)偏重型學習動機 Specific Motivation to Learn

Cronbach & Snow

(一)建構動機 achievement (Atkinson & Birch, Dweck)

(二)防衛動機 anxiety (Yerkes-Dodson Law)

三、理論

(一)1.心理分析學派：Freud

   2.新心理分析學派：Erikson

(二)行為學派

   1.古典制約：Pavlov～聯結

   2.操作制約：Skinner～後效強化

   3.驅力減降論：Hull

～行為的動力源於驅力的匱乏
4.社會學習論：Bandura～自我效能
～自我調節系統
＊行為學派的缺點：
⑴獨重外控誘因無從培養求知動機
⑵趨獎避罰心態對學生不利
⑶手段目的化有礙學生人格發展
⑷功利取向不易產生學習遷移
水平遷移：側向遷移Leteral Transfer
垂直遷移：縱向遷移Vertical Transfer

(三)人本主義
1.需求階層論：Maslow
⑴需求層次中含有學習動機
①有高低
②有順序
⑵求知需求（成長需求）的產生繫於基本需求是否獲
得滿足
⑶自我實現是高峰經驗Peak Experience的結果
高峰經驗產生於臻於自我實現前的喜悅
純真的創造力Native Creativity
⑷Maslow需求階層在教育上的涵義
①給學生良好的教育環境，使其缺失需求獲得滿足
後（因），學生才會自發性的繼續成長，並臻於自
我實現（果）。
②Maslow認為學生具有兩股潛力：其一為向上；其
二為逃避；故從事教育時，需考慮學生的個別差
異。
2.情意教育：Combs

～以情意教育為主就能激發學習者的學習動機。

3.Hamachek

～維持良好的師生關係與和諧的教室氣氛有助於維持學生學習動機。

4.學生中心教育：Rogers

～求知是一種天賦

(四)認知學派

1.Atkinson & Birch

～人內在存有追求成功和恐懼失敗兩種力量。

2.Dweck

～學習動機和目標設定有關，目標可分為學習目標和表現目標。

3.Murray

～成功恐懼症。

4.Weiner三向度歸因論＝自我歸因論

源起：Heider的性格歸因和情境歸因

Rotter的控制信念（內控型，外控型）

內容：

因素來源	固定性	可控制性
能　　力	○	×
努　　力	×	○
身心狀況	×	×
工作難度	○	×
運　　氣	×	×
他人評價	×	×

教育意義：

⑴根據歸因方式可預測學生學習動機。

⑵自我歸因有其重要性。

⑶長期消極歸因心態有礙學生人格成長

積極：求成型學生Success-oriented Student

消極：避敗型學生Dailure-Avoiding Student, Learned
　　　Helplessness

　(4)教師回饋為影響學生歸因的重要因素

5.Covington自我價值論

內容：

　⑴自我價值感是個人追求成功的內在動力

　⑵成功為能力的展現而非努力的結果

　⑶成功難得時，改以逃避失敗維持自我價值

　⑷對能力與努力的歸因會因年級的改變而轉移，能力
　　高者，未必有強烈學習動機
　　學生的學習動機隨著年級的升高而減弱

教育意義：

　⑴暴露教育的反效果

　⑵應切實檢討教育目的

四、如何在學習活動中培養學習動機

(一)不利於學習動機的教育方式

　1.重知識教學

　2.齊一的教學進度

　3.分數主義

　4.升學主義

(二)有利於學習動機的教育方式

　1.從外在動機轉化為內在動機

　2.從基本需求提昇到成長需求（知）

　3.從需求滿足發展到價值追尋

　4.學習合理歸因

(三)具體行動方案

    1.在教學活動中培養學習動機

    2.先滿足學生的缺失性功能

    3.使學生明瞭學習的性質

    4.利用教師回饋激發學生士氣

    5.使每個學生均有成功的經驗

    6.教學策略：

    Keller "ARCS" Model

    A:Attention～學習要先引起學習者的注意

    R:Relevance～內容要和生活情境相關

    C:Confidence～學習者有信心完成內容

    S:Satisfaction～自我增強

例題篇

 試題1：

試分別由認知論、行為論，及人本論的現象，說明如何引起
學生的學習動機。　　　　　　　　　　　　　〔中師86〕

 解：

學習動機是指引起學習活動，維持已引起的學習活動，並使
該學習活動導向教師或師生共同設計目標的內在歷程。
以下依題意分別由不同觀點說明如何引起學生的學習動機及
其在教育上的意義。

一、行為論

　　(一)根據Pavlov的古典制約，Thorndike Skinner的操作制
　　　　約與Bandura的社會學習論，要引起學生的學習動機
　　　　原則有三：

　　　　1.重視外控誘因。

　　　　2.強化原則與後效強化作用。

　　　　3.模仿與認知式行為的改變。

　　(二)教育上的意義

　　　　1.獨重外控誘因。

　　　　2.趨獎避罰。

　　　　3.手段目的化。

　　　　4.功利取向。

5.沒有得到增強的學習者，會獲得挫折感，進而產生學得的無助感（Learned Helplessness）。

二、認知論

(一)根據Weiner的成敗歸因論，Covington的自我價值論，Cronbach & Snow的防衛與建構動機理論等，認為：

1.根據學生歸因方式，可預測學生的學習動機。

2.自我價值感是個人追求成功的內在動力，因此維持自我價值是個人努力的目標。

3.個體的焦慮水準與成就動機會影響個體績效的表現。

(二)在教育上的意義

1.自我歸因有其重要性。

2.Covington的學習動機論為低學習動機者提出瞭解釋，因此，教師必須協助學生訂定適合自己的目標，使每位學生都有適當的成功機會，避免兒童產生學得的無助感，以提昇其學習動機。

三、人本論

(一)Hamachek認為維持良好的師生關係與和諧的教室氣氛有助於維持學生學習動機，Maslow的需求階層論中認為人天生有學習動機（求知需求），而此需求的產生繫於基本需求是否獲得部分滿足，Combs認為，學校教育應以情意教育為主知識教育為輔，才能維持學生學習動機，Rogers認為教師回饋有助於學生建立積極的自我概念，進而提昇其學習動機。

(二)教育意義

1.教師應注意師生關係與教室氣氛是否和諧。

2.教師應注意學生的基本需求是否獲得部分滿足。

3.教師應以情意教育為主，知識教育為輔。

4.教師應給予學生適當的回饋，以協助其建立積極自我概念。

5.有意義的學習。

另外，教師亦可在教學歷程中運用ARCS模式以培養學生的學習動機：

A:Attention→R:Relevance→C:Confidence→

S:Satisfaction

試題2：

試簡述溫納（B. Weiner）與卡芬頓（M. V. Covington）對學習成敗歸因的論點？並比較其對低學習動機者成因之見解？

〔中師87〕

解：

一、Weiner的自我歸因論

(一)Weiner受Rotter控制信念與Heider歸因理論的影響，提出自我歸因論，又稱成敗歸因論及三向度歸因論。

(二)Weiner提出成敗歸因包含三向度，如下表：

向度	因素來源	穩定性	可控制性
內控因素（個人性格）	能力	穩定	不可控制
	努力	不穩定	可控制
	身心狀況	不穩定	不可控制
外控因素（情境）	工作難度	穩定	不可控制
	運氣	不穩定	不可控制
	他人反應	不穩定	不可控制

(三)經由學生的自我歸因，可預測學生的學習動機的高低。

二、Covington的自我價值論

　　(一)Covington認為自我價值感是個人追求成功的內在動力，因此，維持自我價值是個人努力的目標。

　　(二)Covington將學習者依成就動機的高低，分為三種：

　　　　1.卓越取向型。

　　　　2.逃避失敗型。

　　　　3.接受失敗型。

三、Weiner與Covington對低學習動機者成因的看法

　　(一)Weiner

　　　　1.根據歸因方式可預測學生學習動機。

　　　　2.自我歸因有其重要性。

　　　　3.長期的消極歸因會增加學生的挫折感，進而產生學得的無助感Learned Helplessness。

　　　　4.教師回饋為影響學生歸因方式的重要因素。

　　(二)Covington

　　　　1.成功為能力的展現而非努力的結果。

　　　　2.成功難得時，個人會改以逃避失敗，以維持自我價值。

　　　　3.對於努力與能力的歸因，會隨年級而轉移，而逐漸否定努力。

✍️ 試題3：

(一)試述指導兒童學習動機的四個主要策略及其理論背景。

(二)試述「學習是反應的習得」、「學習是知識的習得」、「學習是知識的建構」，這幾個觀點在理論上的依據和對教學的啟示。

(三)請說明認知心理學和人本心理學對有意義學習的看法。

〔慈濟87〕

✏️ 解：

一、(一)注意原則：訊息處理理論。

(二)相關原則：人本主義的以學生為中心教育。

(三)信心原則：Bandura的社會學習論。

(四)滿足原則：行為學派的增強原則。

二、學習的歷程是教育心理學研究的重點，根據不同的學派有不同的看法。學習是「反應的習得」、「知識的習得」、「知識的建構」，分別是由行為學派、認知學派與建構論者提出的觀點。以下分別說明之：

(一)學習是反應的習得：行為學派的學習觀

1.理論依據

⑴行為學派認為學習是經由外在的訓練或經驗，使個體的行為、潛在行為或知識產生持久性改變的歷程。

⑵行為學派中的古典制約認為，學習是刺激替代的歷程，是聯結的結果。

⑶操作制約認為，學習是增強是作用產生的結果。

⑷社會學習論認為，學習是經由模仿與增強而來。

2.對教學的啟示

　　⑴古典制約符合教育上以舊經驗為基礎，學習新經
　　　驗的原理，因此，教學上應考慮到學生的先備知
　　　識與起點行為。

　　⑵在教學上應適時的給予學生增強，並使外在增強
　　　逐漸轉變為自我增強。

　　⑶教師、家長是學生模仿的重要對象，除注意給孩
　　　子的言教外，更須注意身教。

(二)學習是知識的習得：認知學派的學習觀

　1.理論依據

　　⑴認知學派認為是由經驗，使個體的知識、行為或
　　　潛在行為產生持久性改變的歷程。

　　⑵根據Bruner的發現學習論，學習是學習者主動將
　　　外界訊息納入內心真實世界模型的歷程。

　　⑶根據Ausubel的有意義學習，認為學習是將舊有
　　　的經驗知識與新教材內容結合，學習是主動求知
　　　而非被動學習。

　2.對教學的啟示

　　⑴學生的學習是知識的獲得，而非僅是訓練的結
　　　果。

　　⑵教師在教學過程中應注意教材的安排，使學生能
　　　夠運用先備知識去理解新教材。

　　⑶教學應培養學生主動求知的態度，而非只是被動
　　　地接受。

(三)學習是知識的建構：知識建構論的學習觀

　1.理論依據

　　⑴學習是主動的建構知識，而非變動的接受，而知
　　　識是具有發展性和演化性，並非一成不變。

⑵知識並非在說明真理，而是個人經驗的合理化。

⑶Piaget是屬於急進的建構主義者，認為知識是個體的內在認知架構不斷同化、順應所產生的。

⑷Vygotsky是屬於社會的建構主義者，認為個體的知識建構受社會環境影響甚大。

2.對教學的啟示

⑴教師的角色是協助者、是問題的設計者，學生才是主體。

⑵最好的教學模式是合作學習，傳統的演講、記憶、複誦等方式並不適合知識建構。

⑶先備知識與技能會影響知識的建構。

⑷宜採用動態評量。

三、㈠認知心理學的觀點

1.理論

⑴Piaget的發生知識論。

⑵Bruner的知論表徵論。

⑶Vygotsky的近側發展區。

⑷Ausubel的認知同化論。

⑸訊息處理理論。

⑹知識建構論。

2.認知學派的有意義學習

⑴接受性。

⑵擁有性。

⑶主動的激發。

⑷有意義的教學法。

①結構取向教學法。

②啟發式教學法。

③歸納法。

(二)人本心理學的觀點

   1.理論

    (1)Maslow的需求階層理論。

    (2)Combs的情意教育。

    (3)Rogers的以學生為中心的教育。

   2.人本心理學的有意義學習

    (1)前提：學生天生有求知的需求。

    (2)有意義的學習

     ①Learning to Learn。

     ②合作學習。

     ③全人教育。

 試題4：

增加對動機有何影響？此種影響對教育有何意義？試申論
之。　　　　　　　　　　　　　　　　　　　　〔高師86〕

✎ 解：

增強是行為學派的重要概念，Skinner的後效強化是指：行為
之後的效果，會使個體進行相同的行為。由此可知，人的動
機是受增強而來。因此，在教育上，可利用增強原理，提高
學生的學習動機。

一、行為學派的增強作用：

  (一)可使用強化物，增加學生學習動機，強化物可分為
    初級強化物及次級強化物，後者又分為：

    1.社會性強化物。

    2.代幣制度。

    3.活動。

(二)增強要有立即性。

(三)應考慮增強物的使用對個體產生的剝奪與饜足感。

(四)根據情況，採用不同的增強方式：

　　1.養成新行為：連續強化。

　　2.維持行為：部分強化。

二、增強對教育的意義有三方面：

(一)編序教學法

　　促使學生在刺激、反應的過程中，正確的反應能夠增強，在提供正確答案便得到增強的情況下，透過編序學習，形成終點行為。

(二)精熟學習

(三)Keller's的PSI

　　行為學派的理論，多以外顯行為說明動機，而忽略人內在思考與情緒的問題，故欲解釋人類複雜行為後的動機，應兼重內在動機與外在動機，激發學習動機的原則有：

1.建立學習導向的環境。

2.善用學生的需求及內在動機。

3.使學生對學科教材具有興趣。

4.幫助學生設定及達成適切的目標。

5.幫助學生增加承擔學習活動的責任。

6.提供必要的回饋及外在控制。

試題5：

在教育心理學的歷史發展中獎賞的使用，始終受到爭議，
請分別以行為學派和認知學派說明獎賞的意義，並請以個
人的看法，說明內在動機或外誘動機應如何配合使用？

〔東華85〕

✏ 解：

一、行為學派

根據桑代克的效果律及操作制約的增強原理，可以瞭解
人類行為因後果的賞罰而持續或停頓，行為學派認為人
的一切行為皆由學習而來，所謂獎賞，是利用種種方式
激勵學生繼續向善，目的在予人以快樂，以激勵人行
善，行為學派強調使用外誘增強良好行為，在教育上會
產生手段目的化的缺點，或使沒有得到增強物的學習者
感到挫折。

二、認知學派

認知學派強調認知過程，以為獎賞非只是一制約物，而
是因每個人在面臨獎賞如何歸因而定，溫納提出的歸因
論認為教師的回饋會影響學習者的歸因方式，所以建立
學生對自己行為正確歸因是非常重要的，認知學派重視
內誘動機，換言之，獎賞的功效，在於使學生產生價值
感、榮譽感。

三、美國心理學家赫洛克做了一項實驗，以四組能力相等的
兒童，各組同時予以四天的算術測驗，測驗後，甲組予
以讚美，乙組予以譴責，丙組聽到讚美甲組與譴責乙
組，丁組則和三組隔離，結果發現甲組成績逐日進步，

乙組於受譴責後次日成績進步，但以後繼續受譴責成績反而退步，丙組第二日成績較佳，但由於沒有直接接受讚美，以後成績逐漸降低，丁組無特別改變，可見讚美使學生愉快和滿意的情緒效果是積極的，惟在應用獎賞時，應注意有效獎賞原則：

(一)一般而言，獎賞愈大，學習效果也愈大，但獎賞份量仍應與受獎行為相稱。

(二)獎賞應在行為之後立即施行效果最大。

(三)獎賞要有競爭性，但不要使多數人感到失望。

(四)獎賞要公平並堅持原則。

(五)勿以教師好惡為給獎標準，勿抑制潛能的發揮。

(六)可以自我進步為給獎標準，當學生進步時獎之。

(七)建立榮譽感、價值感並非為了物質獎品。

試題6：

請以Weiner的歸因理論，來說明「教師回饋」對學生學習的可能影響，並以此說明對低成就學生作學習評量時所應考慮的事項。　　　　　　　　　　　　　　　〔東華86〕

解：

依題意，先說明Weiner的歸因論，次為教師回饋對學生學習的影響，最後為對低成就學生評量時應考慮的事項。

一、Weiner的自我歸因論

(一)Weiner受Rottor控制信念，與Heider歸因理論的影響，提出自我歸因論，又稱成敗歸因論、三向歸因論。

(二)Weiner提出的成敗歸因論包括三個向度：

	因素來源	穩定性	可控制性	
內在因素 （個人性格）	能力	穩定	不可	積極歸因 求成型學習者
	努力	不穩定	可	
	身心狀況	不穩定	不可	
外在因素 （情境）	工作難度	穩定	不可	消極歸因 避敗型學習者
	運氣	不穩定	不可	
	他人反應	不穩定	不可	

二、教師回饋對學生學習的影響

(一)根據學生的自我歸因方式，可預測其學習動機，學習動機高者，會將成功歸因於自己的努力和能力，將失敗歸因於努力不足，而學習動機低者，會將失敗歸因於能力不足。

(二)自我歸因有其重要性，因為正確的歸因方式有助於學生建立積極的自我概念，進而影響其學習動機。

(三)教師回饋對於學生歸因方式有極大的影響，因為教師回饋的不同，會使學生產生不同的歸因方式，若學生的歸因方式是積極的，則使學生學習動機增強，而有好的學習效果，若學生的歸因方式是消極的，則使其學習動機減弱，增加其挫折感，進而產生學得的無助感。

三、對低成就學生評量時應考慮的事項

(一)評量的結果對學生而言是一種教師回饋，會影響其自我歸因方式。

(二)教師在評量時，應注意學生的個別差異，而給予不同的評量標準，尤其是對於低成就學生，教師應降低標準，使學生能夠擁有適當的成功機會，以協助其建立積極的自我觀念與自信心，如此，可以增強其學習動機，而避免學得無助感的產生。

思考篇

✍️ 試題1：

試舉例說明國中、國小學童良好學習態度之策略。

〔國北師88、慈濟88〕

✍️ 試題2：

學得無助感（Learned Helplessness）。　　　　　〔嘉師85〕

試題3：

歸因論（Attribution Theory）。

〔市北師88、高師大成教88、彰師87〕

試題4：

自驗預言（Self-fulfilling Prophecy）／畢馬龍效應。

〔花師85〕

試題5：

控制信念（Loci of Control）。 〔南師88〕

第八章　能力與能力測驗

能力與能力測驗

一、定義

能力Ability＝所能者及可能為者

實際能力Actual Activity＝成就Achievement

潛力Potentiality──一般性向General Aptitude

──普通性向

個人廣泛的活動領域內，如有機會學習

或訓練，即可能發展的水平

──特殊性向Special Aptitude

個人在某個特殊活動中，如經學習或訓

練即可能發展的水平

＊普通性向、普通能力＝智力

二、能力測驗的種類

(一)成就測驗

學業成就測驗

職業成就測驗

(二)性向測驗

普通性向測驗General Aptitude Test＝智力測驗Intellegence Test

特殊性向測驗Special Aptitude Test

學術性向測驗

職業性向測驗

三、標準化（Standardization）過程

△確定測驗形式與試題
　　文字智力測驗＝紙筆智力測驗
　　非文字智力測驗＝作業智力測驗
△抽樣
　　(一)常模Norm
　　　　將所有受試者的分數，經統計分析所得出的平均數，
　　　　稱為常模，常模可做為以後其它受試者的比較標準。
　　(二)信度Reliability＝一致性
　　　　一個能力測驗具有判定某種能力的個別差異之可靠程度
　　　　重測法Test-Retest Method
　　　　折半法Split-Half Method
　　(三)效度Validity
　　　　一個能力測驗得以有效地表示某種能力的個別差異之
　　　　程度
　　　　內容效度Content Validity
　　　　預測效度Predictive Validity
　　　　效標關聯效度Criterion-Related Validity
　　　　同時效度Concurrent Validity
　　　　建構效度Construct Validity
　　(四)計分與應用
　　　　1.客觀
　　　　2.正確
　　　　3.經濟
　　　　4.實用

四、智力與智力測驗

智力Intelligence：智力是一種綜合性能力，此種能力，乃是以個體自身所具遺傳條件為基礎，在其生活環境中，與人、事、物交往時，運用知識經驗解決問題的行為。

(一)智力測驗的發展

　　1.生理計量法Biometric Method：Francis Galton, 1822-1911

　　　　人類的一切知識來自感覺器官

　　2.心理年齡Mental Age：Alfred Binet, 1857-1911

　　　　　　　　　　　　　　Theodore Simon, 1873-1961

　　　比西量表Binet-Simon Scale

　　　⑴作業測量法Performance Method

　　　⑵心理年齡MA

　　3.比率IQ

　　　斯比量表Stanford-Binet Scale

　　　MA→IQ（MA：CA）

　　4.離差智商Deviation IQ

　　　David Wechsler, 1896～1981

　　　魏氏成人智慧量表

　　　修訂魏氏兒童智慧量表

　　　魏氏學前智慧量表

　　5.不同文化多維智力評鑑System of Multi-Cultural Plural-istic Assessment：MPA

　　　考夫曼兒童智力綜合測驗KABC

(二)智力測驗在學校教育上的正用

　　1.用於鑑別學生智力上的差異，做為實施分組教學的參考。

　　2.用於預測學生未來的教育發展，做為學校對學生實施

輔導之依據。

(1)學生智商的高低與其教育上的發展有密切相關。

(2)對中材以下者的預測較為肯定。

(三)智力測驗在學校教育上的誤用

　1.過份相信測驗的結果

　　＊Bernstein, 1967

　　匱乏假說Deficiency Hypothesis

　2.常模參照標準的缺點

　3.教師期望與自驗預言Self-Fulfilling Prophecy

　　教師會以學生智力高低做為學生成敗的歸因

　　教師期望→學生自我評價＝自驗預言，畢馬龍效應

　　Pygmalion Effect

(四)能力分班和因材施教

　1.分班方式

　　(1)班級間能力分班Between-Class Ability Grouping

　　　因材施教

　　　＊同質編班Homogenous Grouping的缺點

　　　①教師的差別期望

　　　②標籤效應Labeling Effect

　　　③教師的差別教學

　　(2)班級內能力分組Within-Class Ability Grouping

　　　二學科能力分組教學

　　　＊異質編班Heterogeneous Grouping

　　　以團體教學為主小組教學為輔

　　(3)再分組Regrouping

　　　＊傑普林計畫Joplin Plan

　2.分組教學的心理原則

　　(1)需減少班級人數，並減少教師任課時數

(2)以學生實際表現的學科成就為標準而非以總成績、
　　智商為標準

(3)按學生學習情況及成就調整學科能力分組

(4)能力分組以兩個層次較為適宜

(5)學校應賦予教師免於齊一化限制教學的權力

(6)成績考查應採彈性原則

五、智力理論（Theory of Intelligence）

(一)心理計量取向Psychometric Approach

　　以智力測驗為工具，經統計分析方法，求取各題目間的
相關較高者，視為構成智力的因素。

1.智力二因論Two-Factor Theory of Intelligence＝二因論
　Charles Spearman, (1863-1945)1904

　　　┌ 普通因素General Factor＝G Factor──智力測驗
　　　└ 特殊因素Specific Factor＝S Factor～150

2.基本心能論Primary Mental Abilities＝群因論Group-
　Factor Theory Thurstone, 1938

　七種智力能力→基本心能測驗Primary Mental Abilities
　Test

　(1)語文理解Verbal Comprehension, V

　(2)語句流暢Word Fluency, W

　(3)數字運算Number, N

　(4)空間關係Space, S

　(5)聯想記憶Associate Memory, M

　(6)知覺速度Perceptual Speed, P

　(7)一般推論General Reasoning, R

3.智力結構論Structure of Intellect Theory

Guilford

(1)智力結構三向度

  ┌ 內容：視覺、聽覺、符號、語意、行動
  ├ 運作：認知、記憶收錄、記憶保存、擴散思考、
  │   聚斂思考、評價
  └ 產物：單元、類別、關係、系統、轉換、涵義

(2)聚斂性思考

  擴散性思考＝創造力

(3)在教育上的涵義

  ①教學方面
  ②教材方面

4.智力型態論

 Cattell, 1965

 ┌ 流動智力Fluid Intelligence＝以生理為基礎的認知能
 │ 力，經由對空間關係的認知，機械式記憶，對
 │ 事物的判斷反應速度等方面表現。
 └ 晶體智力Crystallized Intelligence＝以學得的經驗為基
   礎的認知能力，經由語文詞彙及數理知識之記
   憶表現（晶體智力）。

5.Thundike

 抽象智力

 機械智力

 社會智力

(二)多惟取向

 1.智力多元論Multiple-Intelligence Theory

 Gardner, 1985葛敦納

  ～文化價值

```
        ┌─ ⑴語文能力
    傳統 ├─ ⑵數理能力
        └─ ⑶空間能力
        ┌─ ⑷音樂能力
        ├─ ⑸運動能力
    新型 ├─ ⑹社交能力
        ├─ ⑺自知能力
        └─ ⑻自然觀察者的智慧
```

2. 智力三元論Triarchic Theory of Intelligence

Robert J. Sternberg

～訊息處理論

智力高低因其面對刺激情境時個人對訊息處理方式不同

智力統合體：

⑴組合性智力Componential Intelligence＝IQ

　　後設認知能力

　　智能表現能力

　　吸收新知的能力

⑵經驗性智力Experiental Intelligence

　　運用舊經驗迅速解決問題的能力

　　改造舊經驗創造新經驗的能力

⑶實用性智力Contextual Intelligence

　　適應環境能力

　　改變環境能力

　　選擇環境的能力

※在教育上的貢獻

六、創造力與教學

(一)定義與特色：

創造力是一種行為表現，該行為表現的結果富有新奇與
價值（Guilford：創造力是一種能力）

特色：（Guilford 1967, Torrance 1974）

1.變通性Flexibility

2.獨創性Qriginality

3.流暢性Fluency

4.精緻性Elaboration

5.敏銳性Sensibility

(二)Wallas：創造思考四階段（創造力＝思考）

1.準備時期Preparation

2.蘊釀時期Icubation

3.豁朗時期Illumination

4.驗證時期Verification

(三)具創造力者的人格特徵（Glover, 1980; Goldsmity, 1984）

1.對於困難度高的問題情境仍能表現出幽默感

2.對於單調乏味的工作情境或事物仍具有相當程度的興趣

3.具工作熱忱和持久力

4.對於模糊的情境具備較高的容忍力，願意從事結果不
明的任務

5.具備較多的想像空間

(四)影響創造性思考的因素

1.個人心態方面

⑴缺乏自信心

⑵行事被動消極

⑶蕭規曹隨，抗拒改善

(4)欠缺求好意識，凡事敷衍了事

(5)對他人的批評或指責很敏感

(6)錯誤的成功觀念

2.解決問題技巧

(1)過快下結論

(2)僵化的思考方式

(3)對問題的分析過於膚淺

(4)功能固著Fixed Function

(5)過度講求文章

(6)鑽死胡同

(7)尋找唯一的答案（聚斂思考）

3.周遭環境的影響（Torrance, 1961）

(1)過份重視成績

(2)在社會團體生活的壓力下個人不能不放棄自我的特立獨行

(3)教師不鼓勵甚至阻止學生發問書本以外的問題

(4)過份強調兩性角色的差異，忽略培養女性的創造思考

(5)遊戲與工作截然劃分，使工作的情境過份嚴肅

(五)培養創造力的教學策略

1.教師方面

(1)接納學生任何奇特的問題

(2)肯定學生的問題

(3)鼓勵學生作創造性思考

(4)增列少部分非結構式考題

(5)提供楷模

2.學校方面

(1)民主的學校氣氛

(2)教師能容忍學生不同的意見

(3)鼓勵學生自動自發，自行探索中發現知識（發現學
習論）

3. 教學策略

(1)腦力激盪法Brain Storming. 1953 Osborn

(2)強迫聯想法Forced Association

(3)屬性列舉法Attribute Listing

(4)有聲思考法Sound Aloud

(5)檢索表法Check-List

(6)重新定義法

七、資賦優異和智能不足

資賦優異：在學前、小學或中學階段的學生，在智力、創造
力、特殊學科、領導能力、視覺或表演藝術、心
理動作能力等領域中表現出或具有潛在發展能力
者。

(一)鑑定方式：甄選→確認→方案計畫

1. 由班導師或任課老師依資料推選

2. 由主任、輔導老師及教師形成小組依資料推選

(二)安置

1. 充實制

2. 加速學習制

3. 資源教室

智能不足：(1)智力75↓

(2)適應行為上的缺陷

(3)發展時期～18歲

(三)分類

1.可教育性智能不足

2.可訓練性智能不足

3.養護性智能不足

(四)安置

1.普通性

2.資源教室

3.特殊班

例題篇

 試題1：

簡述智力多元論與智力三元論的內涵並說明這二種理論對教師教學或智力測驗有何啟示？

〔南師88、嘉師88、北師86〕

 解：

一、智力多元論：是對人類智力構成的一種理論性解釋，持智力多元論觀點者，認為智力並非單指一種能力，而是由數種能力組合而成，此種多惟取向的智力論，以美心理學家Gardner的智力多元論為代表，他認為在傳統上根據智力測驗所界定的智力，在概念上只是窄化到適於書本知識的學習能力，他強調人類的心理能力中至少應該包括以下八種不同的智力：

> 傳統智力：語文能力、數理能力、空間能力。
> 創新智力：音樂能力、運動能力、社交能力、自知能力、自然觀察者的智慧。

智力多元論擴大了傳統智力的觀念，對學習上的啟示：

(一)全人教育：傳統智力測驗，只將其中三種智力視為全部因素，忽視了後四種創新智力，在社會生活中更為重要。

(二)不用心理測驗為工具，Gardner強調人之智力受文化

價值的影響提醒教師不能只相信測驗分數，還需考慮其他因素，以便因材施教。

二、智力三元論：智力三元論乃是以認知心理學中訊息處理歷程的理念，謂人類智力之內涵係由三種智力所構成，是由美耶魯大學教授Sternberg所倡議，由於他對傳統心理測量取向的智力測驗不滿，並認為人類的智力高低，絕非單靠語文式的智力測驗所能測定，應擴大對智力的視野，從人的生活中去探討智力的真正成份，此三種智力為：

(一)組合性智力：指人類的智力繫於其認知過程中對訊息有效處理，而有效處理又繫於三種智能成份的配合：

1.後設認知能力。

2.吸收新知能力。

3.智能表現。

(二)實用性智力：指適應環境變化達到生活目的實用性智力，其中包括：

1.適應環境的能力。

2.改變環境的能力。

3.選擇環境的能力。

(三)經驗性智力：指個體修改自己的經驗從而達到目的的能力，其中包含：

1.運用舊經驗迅速解決問題。

2.改造舊經驗創造新經驗的能力。

智力三元論強調思考歷程，對教學上的啟示有：

①將傳統智力為學習知識的認知能力之狹窄觀念加以擴大，強調適應環境，改造經驗更是智力的表現，要教師注意學生現實生活的表現。

②不應以測驗成績做為因材施教的措施，在課程
與教學上，應該擴大範圍，讓學生獲有接觸現實
生活與吸收新經驗的機會，從而培養其適應環境
與創造新經驗的能力。

✍️ 試題2：

E.Q的概念建構方興未艾，試就個人所知敘其旨意為何？若
對此於E.Q及人格之研究，E.Q對學習有何影響？〔中師85〕

📝 解：

長久以來I.Q與人格，一直是心理學中研究如何影響個體學
習的重點，然而E.Q的研究興起之後，卻有凌駕I.Q與人格之
熱，以下說明E.Q的意義、種類與對學習的影響。

一、E.Q的意義

E.Q（Emotional Quotient）情緒智商，是指個體有關人
際技巧與洞察內在心理等的綜合性能力，一般認為可以
透過學習來提昇個體的E.Q，不似I.Q受遺傳影響，後天
環境難以改變

二、E.Q的理論

(一)Gardner智力多元論

(二)Sternberg智力三元論

(三)Thorndike社會智力

三、Salovey指出E.Q的意義

(一)認識自我的情緒

(二)妥善管理自我情緒

(三)自我激勵

(四)認知他人的情緒

(五)人際關係的管理

四、I.Q——人格及E.Q——學習

人格是個體心理特徵的總和，I.Q亦屬於人格的一部分，並且較受遺傳因素所影響，根據Cattell的人格因素論I.Q乃是個體的一種能力特質，而E.Q卻是一種氣質特質，同時可經由後天的學習，提昇個體的E.Q，在教學情境中的合作學習模式可加強個體的合作技能提高E.Q。

✍ 試題3：

常態分班和能力分班各有何優點？有何理想的解決之道。

〔嘉師87〕

✎ 解：

目前教育令中、小學班級中，不可無故實驗能力分班，而應以常態分班為教學單位。如此的規定，必有其道理在，然而此二種分班方式各有其優缺點。以上說明之，並提出解決之道。

一、能力分班

　(一)意義

　　　能力分班是指依照學生的智商或學習成就為標準，將智商或能力相近的學生編在一班，又稱同質編班。

　(二)優點

　　　老師易於掌控教材與教學進度。

　(三)缺點

　　　1.教師對前、後段班學生差別期望的不良影響。

　　　2.教師對後段班學生產生標籤作用（Labeling Effect）。

　　3.教師對後段班學生教學較不認真。

　　4.能力分班後，仍採用同一教材，違反因材施教的原
　　　則。

　　5.同質群體根本不存在。

二、常態分班

　(一)意義

　　　並不依照學生的智商或學業成就為編班標準，使能
　　　力相差極大的學生能編在同一班，又稱異質編班。

　(二)優點

　　　1.可避免能力分班的缺點。

　　　2.班級模式與社會真實情況較相近。

　　　3.教師、同學間的氣氛較為融洽。

　(三)缺點

　　　1.教師不易掌控教材與教學進度。

　　　2.教學中，教師易將注意力集中於少數學生身上，影
　　　　響其他學生的學習。

三、解決之道

　(一)實施班級內能力分組

　　　原則上是採用異質編班，但某些學科再按能力分組
　　　教學，則可避免能力分班對學生造成的不良影響，
　　　又可使每位學生獲得因材施教的機會，但因如此的
　　　教學方式教師負擔在有限的教學時間之下，實踐上
　　　有其困難。

　(二)降低班級人數

　　　教師在教學中最重要的是，能提供不同學生適合其
　　　學習的教學方式，因此，降低班級人數可以使教師
　　　有時間與精力去瞭解個別學生的學習狀況與需求，

使學生獲得最好的學習。

(三)Team Teaching

總體而言，常態編班對於學生人格及學習動機等方向的影響均較優於能力分編，因此要避免不當的能力分班的實施，但為顧及學生個別差異對於學習的需求，可從降低班級人數與實施班級人數內能力分組著手，只是要特別注意，不可讓「能力分組」又成為變相的「班級內差別待遇」。

試題4：

何謂「資賦優異」（Giftedness）？如何鑑定與輔導資賦優異兒童（Gifted Children）？試從心理測驗與教育心理學觀點說明之。　　　　　　　　　　　　　　　　〔台灣師大85〕

解：

資優教育在我國，已走過四分之一個世紀，資優學生是人力資源中的璞石，若能適當地加以琢磨，勢必大放光采。茲就「資賦優異」之定義、特徵及衡鑑過程略述如後：

一、定義

(一)智力測驗成績在140以上。

(二)學前、小學或中學階段的學生在智力、創造力、特殊學科、領導能力、視覺或表演藝術，心理動作能力……等六項領域中已表現出或已具備發展能力者。

二、特徵

(一)反應速度快。

(二)字彙能力高。

(三)喜歡看成人水準的讀物。

(四)觀察力非常敏銳。

(五)能迅速瞭解因果關係。

三、衡鑑過程

(一)甄選

1.由班導師或任課老師就其表現推薦。

2.由主任、輔導老師及教師形成小組依資料推薦。

資料來源：

(1)學生成績

(2)學生活動表現

(3)老師的觀察

(二)鑑定——智力測驗

(三)安置

1.充實制

(1)水平充實。

(2)垂直充實。

2.加速學習制

(1)提早入學。

(2)跳級。

(3)跨年級（能力）分組。

(4)成立特殊教室。

3.資源教室

(四)教育原則

資優教育應不只侷限於學校，家庭環境亦在潛移默化中陶冶資優生的性格，師生共同努力，發掘有潛力的學生以「知優」，提供完善的教育以「致優」，為國家培育更多人才。

1.機會均等

(1)資賦優異兒童與尋常兒童教育機會均等。

(2)資賦優異兒童彼此之間的教育機會均等。

2.避免助長資賦優異兒童的自大心理

3.防止社會惡習傳染

4.培養身心正常發展

5.注意社會與生理之調和

6.發展自動學習動機

7.培養五育並重的美好人格

 試題5：

比西量有不少缺點，魏氏有哪些較為進步的改變。

〔政大85〕

 解：

比西量表與魏氏的智力表都是心理測驗的一種，心理測驗乃泛指運用各種測量量表，對個體或團體某方面特質實施測量，從而達到心理測驗研究量化目的的一切活動。

一、比西量表

是由法人Binet創造的世界上第一個智力測驗，他以心理年齡代表智力，總共有58個題目，施行對象為3～13歲的兒童，其特色為：

(一)放棄了生理計量法，以心理年齡替之。

(二)58題中包含許多能力。例如：算術、語文、空間等等，但分數只有一種。

二、離差智商

是由Wechesler利用標準差的概念創造的智力測驗，魏氏建立了三種量表：

(一)成人智慧量表。

(二)兒童智慧量表。

(三)學前智慧量表。

利用了標準分數代表每個人的智力的相對位置，

WISC $= 100 + 15Z$。

三、進步之處

比西量表	魏氏智力量表
雖有測驗很多種能力，但只有一個分數	有2個分數，含作業能力、語言能力
施測的對象是兒童，不能推及成人	有兒童智力量表，亦有成人智力量表
沒有常態分配的概念，不能進行不同年齡層的比較，分數較缺乏意義。	利用標準差的概念、分數解釋較有意義，亦可供進行不同年齡層的比較。

思考篇

✎ 試題1：

智力三元理論（Triarchic Theory of Intelligence）。〔北師87〕

✎ 試題2：

智力多元理論（Theory of Multiple Intelligence）。

〔東師88、高師大資教88、中山88、花師87〕

試題3：

建構效度 〔國北師88、東華85〕

 試題4：

同質編班／常態編班 〔北師87〕

試題5：

晶體智力　　　　　　　　　　　　　　　　　　〔中正87〕

 試題6：

經驗型智力（Experiential Intelligence）　　　　〔北師85〕

✍ **試題7：**

聚斂性思考（Convergent Thinking）v.s.擴散性思考（Divergent Thinking）。 〔花師85〕

✍ **試題8：**

標準化測驗。 〔暨南84〕

✍️ 試題9：

現代心理學普遍同意，個體的身心發展決定於遺傳與環境交互作用。早期相關之研究多以孿生子為對象，研究個體的心理特徵上，遺傳因素究竟能產生多大的決定作用。Bouchard & McGue（1981）分析歷年來111項孿生子的專題研究結果（資料詳見下表）。你認為由此結果可以看出遺傳或環境對智力影響是孰輕？是孰重？請依表格所列資料解釋其意義，並評析此結果（15分）。

表一　孿生子與其他不同遺傳關係者智力相關比較表

不同遺傳關係	出生後的生活環境	相關
同卵孿生	出生後共同生活者	.86
	出生後分離生活者	.75
異卵孿生	出生後共同生活者	.60
同胞關係	出生後共同生活者	.47
	出生後分離生活者	.24
親子關係	出生後隨父母共同生活者	.40
領養親子關係	出生後隨養父母共同生活者	.31

〔彰師88〕

✐ **試題10：**

何謂IQ與EQ？現代教育如何兼顧學生人格在認知與情意兩方面均衡之發展？試根據學理扼要說明之。

〔北師大88、國北師88、屏師88〕

✐ **試題11：**

何謂文化公平測驗（Culture-Fair Test）？對教育工作者的啟示為何？　　　　　　　　　　　　　　　　〔成大88〕

✍️ **試題12：**

何謂剛柔並濟（Androgyny）？心理學如何評估一個剛柔並濟之人？對教育界的影響又如何？　　　　〔成大88〕

第九章　情緒與壓力

情緒與壓力

一、定義

Kleinginna

情緒是一組複雜的主觀因素和客觀因素之間的交互作用，受到神經系統和荷爾蒙系統的調節，它可以：

1. 引起感情經驗，如愉快或不愉快等情感
2. 產生認知歷程，如評價、分類等與情緒有關的知覺作用
3. 將生理狀況活化為警覺狀態
4. 導致行為，而這些行為通常具表達性、適應性和目標導向

張春興

個體受刺激所引起的一種身心激動狀態，此刺激所引起的生理變化與行為反應不易為個體所控制，故對生活極具影響作用：

1. 情緒為刺激所引起
2. 情緒是主觀意識經驗
3. 情緒不易自我控制
4. 情緒對生活極具影響作用

二、情緒表達

Schlosberg 1952，1954

所有的情緒表達都可以根據三個向度描述出來：

1. 愉快——不愉快

2.注意──拒絕

3.激發水平（睡眠──緊張）

Book：人類和動物的情緒表情，達爾文Darwin，1982

(一)面部表情（出生即有面部表情）

Baby的笑Stem，1974

1.內因性笑Endogenous Smile

2.外因性笑Exogenous Smile

3.社會性笑

Baby在三歲左右即能辨識他人的面部表情

(二)肢體語言Boby Language

經由身體的各種動作，從而代替語文藉以表達情意的溝通目的：

1.人際距離（親密距離）Interpersonal Distance

0.5，0.5～1.25，3

例如：擠公車

2.個人空間Personal Space

例如：占位置

三、情緒的理論

(一)詹郎二氏情緒論＝張郎二氏論

James-Lange Theory

情緒並非由外在刺激所引起，而是由生理變化所引起（器官肌肉）

(二)坎巴二氏情緒論＝坎巴二氏論

Cannon-Bard Theory

1.個體並不能單靠對生理變化的知覺，就能辨別自己發生什麼樣的情緒。

2.個體並不覺知情緒狀態時所可能引起的內臟收縮或內分泌變化

3.情緒經驗與生理變化同時發生

(三)斯辛二氏情緒論＝情緒二因論Two-Factor Theory of Emotion

＝情緒二因論Attribution Theory

Schachter-Singer Theory of Emotion

二因：1.對自己生理變化的認知

2.對刺激情境性質的認知

歸因：當事人自己的認知解釋

(四)情緒相對歷程論＝相對歷程論

Opponent-Process Theory

Solomon & Corbit, 1974

大腦中職司情緒的部位，可能存有某種組織，該組織在情緒狀態時，會發生與此狀態反向的相對作用

苦盡甘來，樂極生悲

例如：跳傘

(五)其它重要研究

1.Leeper, 1948

(1)情緒具有使行為穩定的作用

(2)情緒是包含有動機和知覺的力量，可以組織、維持和引導行為

2.R. Plutchik, 1982

(1)情緒引起的行為，其目的是在影響原來出現的刺激

(2)情緒具多重維度，包括強度、相似性和兩極性

四、壓力

(一)定義

《張氏心理學辭典》（張春興，民80）：

　　「壓力（Stress）是指個體生理或心理上感受到威脅的一種緊張狀態。此種狀態，使人在情緒上產生不愉快甚至痛苦的感受。壓力有時具有警示的功能，可使人面對壓力的來源，解除威脅」。

(二)壓力的種類Hans Selye

1. ┌ 劣壓力：讓人感受到不愉快的壓力、不好的壓力
　 └ 優壓力：是壓力，但卻能讓人感覺愉快，美好的壓力

2. ┌ 低壓力：小事情
　 └ 高壓力：超過個人的壓力

3. ┌ 內源性壓力：
　 │　　Freud個體在本我、自我、超我之間的衝突所產生
　 │　　的焦慮、不安
　 └ 外源性壓力：
　 　　　由外在環境所產生，例如：人際關係的重大損失

(三)壓力的來源（壓力源）

1. 生活的事件
　 (1)生活的重大改變
　　　①人際關係的重大損失
　　　②長期的威脅事件，例如：空氣污染
　　　③因個人無力控制而形成的無助感
　 (2)生活瑣事Lazarus，例如：養兒育女

2. 心理因素
　 (1)挫折：不能盡如人意，不能隨心所欲

(2)衝突：擁有兩個以上的需求，而無法同時獲得滿足

  ①雙趨或多趨衝突：擁有兩個以上的需求，希望同時獲得滿足

  ②雙避或多避衝突：擁有兩個以上的需求，但都不想獲得

  ③趨避衝突：擁有兩個以上的需求，一個想獲得，另一個則不想，但往往一起出現

3.社會環境因素

4.性格因素～多項人格測驗（MMPI）

  (1)A型人格（A Type Personality）

    凡事自我要求高，動機也較高，企圖心強

    Eliot即稱為高度反應者（Hot Reactor）

    碰到壓力源，會出現高度反應，易緊張

  (2)B型人格（B Type Personality）

    凡事隨遇而安，會讓周圍的人變成A型人格

(四)壓力的處理模式

  壓力源→認知、評價歷程→反應

(五)壓力下的生理反應

  1.短期或偶發壓力時

    應急反應Emergency Reaction

    Fight-or-Leave Reaction

    下視丘（壓力中心，Stress Center）主導神經系統的變化

  2.長期的壓力時

    (1)一般適應症候群General Adaptation Syndrome, GAS

    賽黎Hans Selye

      ①警覺反應階段Alarm Reaction Stage

      震撼期Shock Phase

反擊期Countershock Phase

②抗拒階段Resistance Stage

③衰竭階段Exhaustion Stage

＊個體面對壓力時，具有相當大的抗拒力與適應力

在適應壓力過程中，如中途增加另一方的壓力，
將使其適應力大減

⑵葉杜二氏法則Yerkes-Dodson Law

心理壓力——工作難度——作業成績

簡單的工作情境下，較高的心理壓力將產生較佳的
成績

困難的工作情境下，較低的心理壓力將產生較佳的
成績

＊自我意識Self-Conscious

⑶A型性格與心臟病

Type A Personality

Type B Personality

⑷消化性潰瘍Peptic Ulcer

胃潰瘍Gastric Ulcer

十二指腸潰瘍Duodenal Ulcer

⑸免疫系統

(六)解決壓力的策略

1.問題焦點的因應Problem-Focused Coping

2.情緒焦點的因應Emotion-Focused Coping

⑴生理方面

⑵認知方面

⑶行為方面

五、EQ

(一)理論（第八章〈能力與能力測驗〉）：
    1.Thorndike社會性智力
    2.Gardner自知之明能力，社交能力
    3.Sternberg實用性智力、經驗性智力
(二)內涵Peter Salovey
    1.認識自身的情緒
    2.妥善管理情緒
    3.自我激勵
    4.認知他人的情緒
    5.人際關係的管理
(三)EQ的教育意義
    1.學校應協助學生認識自我
    2.及早開始
    3.家庭、學校與社會的相互配合
    4.配合身心發展設計課程
    5.融入各科課程
    6.教師樹立身教典範

例題篇

 試題1：

生活在快速變遷，競爭激烈的社會，壓力的存在已經是不爭的事實，請問生活中壓力主要的來源為何？其對身心健康有何影響？面對壓力應如何因應？試論述之。　　〔政大86〕

解：

一、壓力是指個體在生理上或心理上感受到威脅的一種緊張狀態，此種狀態使人在情緒上產生不愉快甚至痛苦的感受，個人在面對具有威脅性刺激情境中，一時無法消除威脅脫離困境時的一種被壓迫的感受，如果此種感受經常因某些生活事件而持續存在，即演變成為個人的生活壓力，生活壓力的來源如下：

(一)生活改變：是指個人日常生活秩序上發生的重要改變，因為生活事件所形成的生活壓力，都會給人緊張的、甚至痛苦的負面情緒經驗，故生活改變一事所指者，也多半是指生活事件所帶給人們的負面情緒的事件而言，例如：親人亡故、工作不成功、動手術……等等。

(二)生活瑣事：指的是日常生活中經常遇到且無法逃避的事實，此種瑣碎事件雖不致危害於人，但日積月累的結果，就會對人的身心造成不良影響，例如：

家用支出、工作職業、身心健康、生活環境、時間分配……等等。

(三)心理因素：屬於個人內在心理上的困難，例如：挫折、衝突……等等。

二、其對身心健康的影響有：

(一)在身體方面：適度的生活壓力，非但無害身體反而有益健康，只有嚴重又長期的生活壓力才會有害身體健康，生活壓力對身體健康的影響有：

1.A型性格與心臟病。

2.消化性潰瘍。

3.免疫系統功能下降。

(二)在心理方面：

1.轉化型。

2.憂鬱症。

3.精神分裂症。

三、面對壓力時的因應方法有：

(一)挫折容忍力要夠。

(二)要具備有解決問題的能力。

(三)具延宕享樂的耐力。

(四)要適時抒解情緒。

(五)悅納自己、環境與他人。

✍️ 試題2：

現代人的壓力很大，應如何處理方能減緩不適行為。試就生理、認知及行為三方面論述壓力的因應策略。　　〔成大87〕

✏️ 解：

壓力是一種內心被壓迫的感受，每個人在日常生活中總不可避免的會感受到壓力的存在，壓力是個體生理上或心理上感受到威脅的一種緊張狀態，此種狀態使人在情緒上產生不愉快甚至痛苦的感受，壓力有時亦具有示警作用，壓力對個體所造成的反應有二：

一、生理反應：Selye提出一般適應症候群，說明不管壓力來源為何，在生理上反應的症狀都一樣，分為三階段：

　　(一)警覺階段：內分泌增多。

　　(二)抵制階段：內分泌回復正常。

　　(三)疲憊階段：如舊壓力一直未解除或新壓力又產生時。

二、心理反應：不愉快或痛苦的情緒及焦慮不安的感受。

　　(一)試以生理方面論述壓力的因應策略

　　　　壓力按性質分為兩類：一種是短期的或偶發的，這種情形之下，個體的生理反應是應急性的，另一種壓力是長期性的，亦即我們所指的生活壓力，個體的生理反應是Selye所發現的GAS，試述因應策略如下：

　　1.解決造成壓力的問題，以維持身體的健康。

　　2.問題未解決之前，要學著去抒解壓力，例如：

　　　⑴自我放鬆訓練，深呼吸。

　　　⑵適度運動。

(3)保持開朗心情。

3.注意負向回饋環的警告。

(二)試以認知方面論述壓力的因應策略如下：

認知學派學者Beck對人性的假設為：人有自尋煩惱的傾向人有自毀和自救的傾向，錯誤的信念，個體會將之預言自驗，所以認知學派以為壓力是由於人具有不合理和錯誤的認知、觀念，其因應策略就是要改變個體不合理的想法，以幫助個體解決問題，抒解壓力，在此以Ellis的理情治療法來說明：

理情治療法又稱A.B.C治療法，其模式為：

$$A \rightarrow B \rightarrow C$$

（Belief）

↑

$$D \rightarrow E$$

（勸導干擾）（合理的信念）

(三)試以行為方面論述壓力的因應策略如下：

行為學派認為壓力會使個體產生異常行為，因此須利用增強原理，增強個案面臨壓力時的正常行為，消弱不正常的行為；行為學派學者經白老鼠實驗得知：在長期受電擊威脅的情境下會影響個體消化系統的功能，而白老鼠如能對引起壓力的刺激情境事前預測或控制，其所受潰瘍之傷害將減輕，由此可知：

1.在生活壓下，如能事先對情境之產生有所瞭解並有所準備時，壓力所帶給人之傷害將因之減輕。

2.實施放鬆訓練使面對壓力時能以輕鬆的心境替代之。

3.自我肯定訓練，以增強自己適應壓力的能力。

思考篇

 試題1：

緊急反應（Emergent Reaction）。 〔暨南84〕

 試題2：

一般適應症候群（GAS）。

✍ **試題3：**

延宕滿足（Delay of Gratification）。　　　　　　〔東華88〕

 思考篇可參考本人所著——《心理學試題詳解》

第十章　人格與人格測驗

人格與人格測驗

一、定義

　　個體在其生活歷程中對人、事、物適應時,所顯示的獨特個性(性格),此一獨特個性乃由個體在其遺傳、環境、成熟、學習等因素交互作用下。由逐漸發展的心理特徵所構成,心理特徵表現於行為時,則具有相當的統整性與持久性。

(一)獨特性Individuality

(二)複雜性Complexity

(三)統整性與持久性

二、影響因素

(一)遺傳因素(生理因素)

　　動機、情緒、身體意象

(二)環境因素

　　興趣、態度、價值觀

三、人格理論

(一)心理分析學派──Freud

　　1.人格結構:本我、自我、超我

本我 ⎨ 生之本能：Libido

死之本能：Attack, Destroy

2.人格動力：

本我、自我、超我相互激盪所產生的內在動力，此內在動力會形成外顯行為，此等行為稱為防衛機制（Defense Mechanism）類型：

⑴壓抑作用Repression

⑵轉移作用Displacement

⑶投射作用Projection

⑷反向作用Reaction Formation

⑸退化作用Regression

⑹合理化作用Rationalization

⑺昇華作用Sublimation

3.人格發展五個時期，五種性心理發展

(二)新心理分析學派Jung, Adler, Horney, Fromme, Erikson.

1.Jung（榮格）的分析心理學

⑴自我的功能

自我有其獨特性，連續性與統合性

自我發展本源有二：個人潛意識、集體潛意識

⑵自我潛意識

情結（Complex）

⑶集體潛意識（Collective Unconscious）

原型（Archetype）：流傳的生活經驗、文化

⑷人格內動力

人格結構由兩極相對的內動力形成：意識──潛意識

⎡內向性格Introversion
⎣外向性格Extroversion

⑸人格發展
　2.Alder（阿德勒）的個別心理學
　　⑴人性自主
　　⑵追求卓越Striving for Supreiority
　　⑶自卑情結Inferiority Complex
　　　自卑感→補償作用Compensation→自卑情結
　　　退縮反應Withdrawal Reaction
　　　過度補償Overcompensation
　　⑷生活格調Style of Life
　　　4、5歲時即養成
　＊精神分析學派與新精神分析學派之差異：
　　⑴泛性論→社會文化因素
　　⑵兒童期→整個生命歷程
　　⑶被動的潛意識→人性自主
　　⑷病態→正常人
　　⑸自由聯想法→社會文化因素探討
(三)人本論（Humanistic Theory）＝人本心理學＝第三勢力
　（五〇時代）：主張以人為本，研究人的價值、欲念、情
　感、生命意義等課題
　1.Abraham Harold Maslow（馬斯洛，1908～1970）
　　自我實現論Self-Actualization Theory
　　⑴需求層次論Need Hierarchy Theory
　　　需求→動機→個體成長發展
　　　＊基本需求Basic Need＝匱乏需求 Deficiency Need
　　　　　　　　　　　　　　　　　　D-Need
　　　衍生需求Metaneed＝存在需求Being Need B-Need
　　⑵自我實現
　　　個體在成長過程中將生而俱有但潛藏未露的良好品

質表現出來。

(3)高峰經驗Peak Experience

追求自我實現時，體驗到的心理完美境界，且只可
意會不可言傳。

2.Carl Ransom Rogers（羅吉斯，1902～1987）

自我論Self-Theory

(1)自我觀念Self-Concept

自我評價

↓　　　→自我觀念

重要他人評價（價值條件Conditions of Worth）

(2)自我和諧Self Congruence

不和諧的情況：

理想我Ideal Self和真實我Real Self不一致時

有條件積極關注下的評價性經驗與自我評價不一致

(3)積極關注Positive Regard＝好評

無條件積極關注Unconditional Positive Regard

有條件積極關注Conditional Positive Regard

＊對成長中的個體，提供無條件積極關注，使其形成
自我和諧的自我觀念，奠立自我實現的人格。

(四)人格特質論

人各有其性格上的特質，不因情境的不同而改變其特質

1.Gordon Allport（奧波特，1897～1967）

人格特質論Personality-Trait Theory

人格結論┌共同特質Common Trait Theory
　　　　└個人特質　　┌首要特質
　　　　　Personal Trait ├中心特質
　　　　　　　　　　　　└次要特質

2.Cattell（卡泰爾，1905～　）

人格因素論Factor Theory of Personality

特質┌ 表面特質Surface Trait
　　└ 潛源特質 ┌ 能力特質
　　　Source Trait├ 氣質特質
　　　　　　　└ 動力特質

(五)行為學派

　　人格是受環境因素影響而逐漸形成的

　　1.Skinner（史基納，1904～1990）

　　人格操作制約理論Operant Conditioning Theory of Personality

　　⑴人格結構

　　　人格是經由操作學習歷程所習得的連鎖反應組合而成的行為組型

　　⑵人格發展

　　　經由增強作用（正增強，負增強）促成人格發展

　　2.Albert Bandura（班度拉，1925～　）

　　人格社會學習理論Social Learning Theory of Personality

　　⑴觀察學習與模仿＝代替學習Vicaious Learning

　　⑵相互決定論Reciprocal Determinism

　　　行為＊個人＊環境

　　＊自我效能Self-Efficacy

　　　個人對自己從事某種工作所具備的能力，以及對該工作可能做到的程度之一種主觀性評價。

四、人格測驗

　　為求瞭解個體間性格上的差異所使用的工具。

　　(一)自陳量表Self-Report Test

逐題評定式：二或三個答案中擇一

選擇式：EPPS

＊易於使用、易於解釋、但受試者的反應受限

＊社會期望Social Desirability

(二)投射測驗Projective Test

　　1.羅夏墨漬測驗Rorscharch Inkblot Test

　　2.主題統覺測驗Thematic Apperception Test, TAT

　　　H. A. Murray & C. D. Morgan

　　＊可測出內心深處的話，但其缺點為不易解釋，且缺

　　　乏客觀評分標準。

(三)情境測驗

(四)社會計量法

例題篇

試題1：

何謂人格？並就影響人格發展的因素申論之。　　〔成大86〕

解：

一、定義

　　人格是個體經由遺傳與環境、成熟與學習的交互作用，在對人、事物上所表現出一系列的心理特徵及行為特徵，由多種特質而形成的人格組織具有相當的統整性、持久性、複雜性與獨特性。

二、對個體人格發展的解釋，在發展心理學上有五種重要理論：

　　(一)特質論：Eysenck, Carrell。

　　(二)心理分析論：Freud。

　　(三)社會學習論：Bandura。

　　(四)人本主義：Maslow。

　　(五)發展任務論：Erikson、Hauighurst, Chickering。

三、影響人格的因素

　　(一)先天遺傳：

　　　　1.基因。

　　　　2.生理構造。

　　(二)後天環境

1. 文化環境：受不同社會文化薰陶，會對所遭遇事物有不同的解釋。
2. 社經地位：家庭不同的教養態度，造成個體培養或產生不同的價值觀。
3. 重大事件：當個體遭受一些重大事件，亦會對性格產生一定程度的衝擊。

✏️ **試題2：**

1. 一位深愛亡妻的鰥夫，仍在餐桌上為她準備碗筷，並告訴朋友們：「她去拜訪親戚去了」。
2. 被上司吼叫的女士，對丈夫及孩子吼叫，以表達她的憤怒。
3. 小男孩在某夜見到爸爸強行騷擾媽媽，之後問及此事，卻堅持沒有發生這樣的事。
4. 一位十分憎惡上司的員工，不斷地告訴他人，他是多麼地敬愛這位上司。
5. 一位對老公滿懷潛意識敵意的女士，雖幻想老公出了嚴重的車禍，但實際行為上卻不斷提醒老公注意行車安全。
6. 準備不周就去應考的大衛批評試題出的不妥當、有失公平，才導致他考不理想。
7. 不喜歡與公婆同住的媳婦，向他人宣稱公婆不喜歡與她同住。
   (1)昇華　(2)投射　(3)理性化　(4)壓抑　(5)否定
   (6)替代　(7)反向行為　(8)合理化　(9)幻想　(10)退化

〔中正86〕

✏ 解：

1.(9) 2.(6) 3.(5) 4.(7) 5.(4) 6.(8) 7.(2)

✍ 試題3：

試從各種人格理論來說明如何培養國小兒童健全的人格。

〔屏師83〕

✏ 解：

一、人格的定義

人格是指個體在其生活歷程中對人、事、物適應時，所顯示的獨特個性，此一獨特個性乃由個體在其遺傳、環境、成熟、學習等因素交互作用下，由逐漸發展的心理特徵所構成，心理特徵表現於行為，則具有相當的統整性與持久性。

二、人格理論（特質論）

(一)Jung的分析心理學（新精神分析學派）認為，人格結構是由兩極相對的內動力所形成的，也就是意識和潛意識，而其又將潛意識分為自我潛意識和集體潛意識二種，可見人格的形成不僅和個體自我有關，周遭環境、人事物亦有極大的影響，誠所謂「近朱者赤，近墨者黑」。所以在培養兒童健全人格時須注重其同儕團體的效情況，並營造一個健康的學習環境讓兒童能在耳濡目染之下養成健全的人格。

(二)Adler的個別心理學（新精神分析學派）則認為，人格的發展最主要就是在處理自卑感，因為他認為人的一生都在追求卓越，若遭逢失敗，便會產生自卑

情結，這結若解不開，長久下來便會造成個人的人格偏差，所以教師須指導兒童養成良好的「生活格調」，知道如何去處理自己的自卑感，並適時的給予兒童成功的機會，因為處於長期的挫敗常會造成個體日後人格上的偏差。

三、如何培養健全的人格

(一)Maslow的自我實現論（人本學派），認為個體的人格發展即是個體追求需求的過程。Maslow提所需求階層理論（Need Hierarchy Theory）：

生理需求⇒安全需求⇒愛與隸屬的需求⇒自尊與自重的需求⇒自我實現的需求，個體必須在最低層次的需求獲得部分滿足之後，才會向上追求更高一層的需求，而最高的層次即為自我實現的追求，為了協助兒童健全人格的發展與建立。Maslow主張教師須為學生設計良好的教學情境，並注意學生基本需求的滿足與否，使其能順利的完成自我實現的追求，完成健全人格的發展。

(二)Rogers的自我論（人本學派）則認為人格的發展也就是指個體建立自我概念的過程，而自我概念的重要成份為自我評價和重要他人的評價，這兩者協調才是良好的自我觀念，而在國小階段教師可說是兒童成長過程中的「重要他人」影響力至深且鉅，因此Rogers主張，教師須對兒童提供無條件的積極關注，使其形成自我和諧的自我觀念，進而奠定自我實現的人格。

(三)Skinner的人格操作制約理論（行為學派）認為人格是經由操作學習歷程所習得的連鎖交應組合而成的行為組型，而人格的發展則是經由增強作用（正、

負增強）來促成的。所以教師須對兒童正確的行為給予正增強，對偏差的行為給予負增強，以保留其正確的行為、思想、觀念，去除其偏差的行為、價值觀念以建立其健全的人格。

(四)Bandura在人格社會學習理論（行為學派）中表示他認為人格是由個體在社會和環境中觀察學習而來的（相互決定論），而建立完善人格的先決要件就是個體須建立正確「自我效能」。自我效能乃是指個體對自己從事某種工作所具備的能力，以及對該工作可能做到程度之一種主觀性的評價，而建立自我效能的方法有：從自我直接經驗、他人的經驗（間接經驗）中學習，還有書本上的知識，亦能提供兒童正確的知識和觀念，可見老師該以身作則，作一個良好人格的楷模讓學生模仿和學習，並為其選擇良好適當的讀物，讓其在動、靜上皆可培養其完美、健全人格。

思考篇

 試題1：

A型人格。

 試題2：

人格特質論（Personality Trait Theory）。

試題3：

退化（Regression）。

〔嘉師86〕

 思考篇可參考本人所著——《心理學試題詳解》

第十一章 變態心理學、心理治療與心理健康

變態心理學、心理治療與心理健康

一、定義

研究有關心理異常的科學，內容包括：
1.研究心理異常的現象、類別及形成原因
2.研究心理異常的診斷、治療及預防

二、衡量指標

(一)DSM（Diagnostic Statistical Manuel of Mental Disorder）
(二)BASICID（多重模式治療法：Lazarus）

Behavior	Imagery
Affection	Cognition
Sensation	Interpersonal Relationship
	Drug

三、分析觀點

(一)早期觀點
   1.惡魔說
   2.體質說
(二)現代觀點
   1.生理心理學派：Lombroso

遺傳基因和生理構造或心理異常

2.心理分析學派：Freud

本我、自我、超我三者的衝突，形成焦慮，而個體過
度使用防衛機制而造成心理異常

3.新心理分析學派：Adler, Fromm, Erikson

Adler：追求卓越過程中，遭受到挫敗而使用不當的補
償作用

Fromm：文化背景影響人的性格

4.行為學派：Pavlov, Skinner, Bandura

由於不當的聯結、後效強化或模仿所造成的行為異常

5.認知學派：Beck, Ellis

心理異常緣於錯誤的認知、不當的歸因

6.人本主義：Maslow, Rogers

追求自我實現未果，個體開始漠視自己的價值和情感

四、類型

(一)焦慮症Anxiety

～一種由緊張、不安、焦急、憂慮、恐懼等交織而成的
情緒狀態

種類：

1.泛慮症Generalized Anxiety Disorder

＝游離性焦慮Free-Floating Anxiety

指任何時間與任何事情都會引起患者的焦慮，總覺得
不幸即將發生，特別注意生活中的小事

症狀：疲倦、心悸、失眠、注意力不能集中、心情紊亂等

＊恐慌症Panic Disorder

2.恐懼症Phobia

對不具傷害性的特定對象（或情境）的不合理恐懼

(1)單一型恐懼症Simple Phobia

(2)社交恐懼症Social Phobia

(3)懼空曠症Agoraphobia

＊懼幽閉症Claustrphobia與懼擁擠症Demophobia

3.強迫症Obsessive-Compulsive Disorder

一再重複出現某種行為或思想，不受自主意志的支配，且對自己的生活產生嚴重困擾

(1)強迫思想Obsessive Thought＝強迫觀念Obsessive Idea

(2)強迫行為Compulsive Behavior

(二)體化症Somatoform Disorder

一種由心理上的問題轉化為身體上的症狀，卻又找不出生理病因的心理疾病

類型：

1.慮病症Hypochondriases

2.心因性痛症Psychogenic Pain Disorder

3.轉化症Conversion Disorder

＊轉化症＝歇斯底里症Hysteria

特徵（Worche, et al., 1989）：

1.無生理病因的身體上局部功能喪失

2.突然出現於生活上遭受重大情緒壓力事件之後

3.無合理的生理學解答

4.經由催眠或自然睡眠時，轉化症狀會消失

5.對症狀不甚在意而引起他人誤解，誤以為在裝病

(三)解離症Dissociative Disorder

解離作用　　自我防衛

～痛苦，衝突 ────→　────

自我統合──→心理異常

種類：

1.心因性失憶症

　心因性失憶症Psychogenic Amnesia＝失憶症

　選擇性的遺忘

　症狀：

　⑴心理原因所造成

　⑵喪失的記憶多涉及自我統合

　⑶突生於遭受重大痛苦打擊後，也可能突然恢復：

　　　a.近事失憶症Anterograde Amnesia

　　　b.舊事失憶症Retrograde Amnesia

2.心因性迷遊症Psychogenic Fugue＝迷遊症

3.多重人格Multiple Personality＝雙重人格Dual Personality

　三面夏娃

(四)性心理異常＝性行為變態

　～指個體在性行為表現上，明顯地異於常人的病態現象

　種類：

1.性別認同障礙Gender Identity Disorder

　自我觀念上不能認同自己的性別，未發展出性別恆定性

　（2-7）

　＊換性症Transsexalism

　排斥己身生理性別而強求變為另一性別的心理異常現象

2.性變態Paraphilia

　以不正常的性行為方式尋求性滿足的心理異常現象

　⑴戀童症Pedophilis

　⑵暴露狂Exhibitionism

　⑶性虐待Sadomasochism

　　　性虐待狂Sadism

　　　性被虐待狂Masochism

⑷扮異性症Transevstism：男性

⑸戀物症Fetishism

(五)情感症Affective Disorder

～個體的情緒狀態經常屬於兩極化現象或陷於某一極端
（極度消沈或極度興奮）的心理異常現象

種類：

1. 憂鬱症Anxiety＝抑鬱症Depression

長期處於情緒低落的心理現象

症狀：

⑴常常想到自殺（Suicide）以解脫精神痛苦

⑵自卑感

⑶失去動機，完全出於被動

⑷體重減降、失眠、易感疲勞、沒胃口

⑸自我觀念非常消極、負面

2. 躁鬱症＝兩極性情感Bipolar Disorder

情緒狀態極不穩定，有時極度興奮，有時極度低落的
心理現象

3. 躁狂症Mania

情緒狀態陷於極度興奮的心理現象

⑴睡眠減少、誇大言詞

⑵口出狂言、不負責任、兼具攻擊傾向

⑶跳躍性思考

＊憂鬱症的基本輔導原則：

1. 鼓勵病患說出內在感受

2. 預防自殺

3. 阻斷負面思考

4. 學習新的因應技巧

(六)精神分裂症Schizophrenia

症狀：

1.思想紊亂

2.知覺扭曲

3.幻覺Hallucination

　　聽幻覺Auditory Hallucination

　　視幻覺Visual Hallucination

4.妄想Delusion

　　⑴迫害妄想Delusion of Persecution

　　⑵誇大妄想Delusion of Grandeur

　　⑶否定妄想Delusion of Negation

　　⑷支配妄想Delusion of Influence

　　⑸嫉妒妄想Delusion of Jealousy

　　⑹關聯妄想Delusion of Reference

5.情緒錯亂

6.脫離現實：自我專注Self-Absorption

7.動作怪異：例如：僵直型精神分裂症

(七)人格異常Personality Disorder＝性格異常

　　～個體自幼在心理發展上因長期適應不良所養成的待人

　　　處事時異於常人的性格

　　種類：

1.妄想型Paranoid

2.分離型Schizoid

3.分裂型Schizotypal

4.劇化型Histrionic

5.自是型Narcissistic

6.反社會Antisocial

7.邊緣型Borderline

8.迴避型Avoidant

9.依賴型Dependent

10.強迫型Compulsive

11.被動攻擊型Passive-Aggressive

＊反社會人格Antisocial Personality

個體具有違反社會道德規範的傾向，且為利己而傷害別人時，永不感到愧疚（損人利己）

克來克里（Cleckley, 1976）

1.良好的第一印象

2.無幻想、妄想

3.自我中心主義

4.冷漠卻需求他人的關心

5.自毀行為Self-Defeating Behaviour

五、心理治療

(一)定義

心理治療Psyhotherapy：指受過專業訓練人員，在不使用藥物原則之下，針對心理異常者，加以診斷與治療的過程

(二)步驟

心理衡鑑→心理診斷→心理治療

＊輔導　　諮商v.s.諮詢
　　　　　心理治療

(三)觀點

1.生理心理學派

藥物治療、電擊

2.心理分析學派

＊自由聯想法的實施步驟：

⑴自由聯想Free Association

⑵夢之分析Dream Analysis

⑶移情分析Analysis of Transference

    ┌ 正移情Positive Transference

    └ 負移情Negative Transference

⑷抗拒分析Analysis of Resistance

⑸闡釋Interpretation：領悟

3.新心理分析學派

佛洛姆Fromm

⑴社會文化環境→性格特徵→人

⑵人的心理需求

    相屬需求：Love, Be Loved⟷依賴性格

    超越需求：創造發明⟷掠奪性格

    生根需求：安全落實⟷囤積性格

    統合需求：獨立自主⟷市場性格

    定向需求：生活目標⟷生產性格

    ＊逃避自由Escape from Freedom

    恐懼自由Fear of Freedom

4.行為治療法Behavior Theray

  ＊特徵

⑴制約學習

⑵亦稱為行為矯正術Behavior Modification

⑶重新學習的過程

⑷目的在於改變不良的行為表現

  ＊方法

⑴系統脫敏法Systemati Desensitization

    患焦慮症、恐懼症者都是對原屬平常的刺激表現出

    過度敏感的失常反應（古典制約學習）

  ＊反制約作用Counterconditioning

實施步驟：

確定焦慮階層Anxiety Hierarchy

→實施放鬆訓練Relaxation Training

→在想像中試驗

→在現實中印證

(1)厭惡制約法Aversive Conditioning（反制約作用）

　　古典制約學習的一種

(2)代幣法Token Economy＝標記獎勵法

　　操作制約學習的一種（後效強化）

　　實施步驟：

　　　建立目標

　　　約定代幣性質

　　　外誘因→自我控制

(3)生理回饋法Biofeedback Technique

　　操作制約學習的一種，後效強化

(4)洪水法

(5)仿同

(6)社會技巧訓練

5.認知治療法Cognitive Therapy

Beck提出四種錯誤的人性假設

(1)人有自尋煩惱的傾向

(2)思考時表現出損己害己的傾向

(3)具無中生有的想像力（當局者迷）

(4)自毀傾向←→自救能力

治療方法

(1)理情治療法Rational-Emotive Therapy, RET

　　艾里斯Albert Ellis 1913～

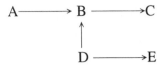

a：發生的事件：Activating Event

b：信念：Belief

c：情緒後果：Emotional Consequence

d：勸導干擾：Disputing Intervention＝Therapy，治
療、糾正

e：介入後的結果：Effect

(2)現實治療法Reality Therapy, RT

Glasser

a.強調人有基本需求：求生存、樂趣、自由、權利、
隸屬

b.現實感

c.對自己的行為負責

d.學習正確的行為，不談感受、情緒

6.人本治療法Humanistic Therapy＝當事人中心治療法

Carl Rogers

以當事人為中心，重視其人格尊嚴，心理治療是一種
自我成長諮商者的性格與態度必須具備真誠、無條件
關注與同理心

（Empathy）

實施步驟：

掌握真實經驗（Real Self）→找回信心→建立價值觀
→自我成長

7.心理治療的效果

(1)前恭後敬效應Hello-Goodbye Effect

(2)自然痊癒Spontaneous Remission

(3)安慰劑效應Placebo Effect：雙盲實驗

(4)心理治療時應重視治療過程中的人際關係（諮商）與
社會氣氛

(5)針對不同條件，不同需求的案主，實施不同的治療方法

六、心理健康

(一)定義

～心理健康是指個人在其適應過程中，能發揮最高的知
能而獲得滿足，感覺愉快的心理狀態，同時在社會中
能謹慎其行為，並敢於面對現實人生的能力

(二)心理健康的標準（黃堅厚，Derlega & Janda）

1.心理健康者是有工作的，且樂於工作

2.心理健康者是有朋友的，且能與他人維持良好的關係

3.心理健康者對自我有適當的瞭解，並能進一步悅納自
己，開發潛能。

4.心理健康者應能和現實環境保持良好的接觸與適應

5.能從經驗中吸取教訓

6.能辨識所有的情緒並加以控制

7.正向的態度

8.對生活具控制力

(三)如何增進心理健康～以教師為例

1.瞭解壓力源

2.提昇問題解決能力

3.不斷進修，提高自我價值感

4.擁有現實感

5.從教學中獲得成就感

6.從教育歷程中獲得自我實現

例題篇

✍️ **試題1：**

代表一個人心理健康的指標為何？如果一個人心理不健康了，有無良好的對應之策。　　　　　　　　〔北師86〕

✏️ **解：**

心理健康有兩層意義，消極的說是沒有心理疾病，積極而言是沒有心理疾病，且能增進心理健康。茲就心理健康的指標及因應之策，略述如下：

一、心理健康的標準《黃堅厚》

　　(一)有工作的且樂於工作。

　　(二)有朋友且與他人維持良好的關係。

　　(三)對自我有適當的瞭解，並有積極的自我概念。

　　(四)有現實感。

二、如何維持心理健康

　　(一)提昇問題解決能力。

　　(二)學習各種放鬆訓練。

　　(三)接納自己、接納別人、接納環境。

　　(四)以「自我實現」為人生目標。

　　(五)創造有力感、重要感。

三、心理不健康之對策

　　(一)心理治療

指受過專業訓練的人員，在不使用藥物原則之下，針對心理異常者，加以診斷與治療的過程。

(二)種類

　1.生理學派：例如電擊治療。

　2.精神分析學派：例如自由聯想法。

　3.行為學派：

　　(1)系統脫敏法。

　　(2)厭惡制約法。

　　(3)洪水法。

　　(4)代幣制度。

　　(5)生理回饋法。

　　(6)模仿。

　4.認知學派

　　(1)理性治療法。

　　(2)現實治療法。

　5.人本主義學派：案主中心治療法。

　　健康心理學的目標在於心理疾病的預防以及保持並增進個人的健康狀態，培養個人與環境保持和諧關係的適應能力，身為教師者應積極關注自身及學生之身心健康，如此，才能達到良好的教學與學習效果。

「焦慮」是現代文明病，試就精神分析、學習論及認知論的角度分析其產生的原因及因應策略。　　　　〔政大85〕

✎ 解：

焦慮是由緊張、不安、焦急、憂慮、擔心、恐懼等感受交織而成的複雜情緒狀態，焦慮和恐懼時所產生的生理反應相似，然而兩者產生的情境、因素並不相同，恐懼多因明確的事物引起，焦慮的原因模糊，只覺惶恐不安，但未必瞭解所怕者是何事何物。

一、精神分析論

Freud認為在心理發展過程中，早期對某種情境形成的焦慮反應，成長後在類似情境之中仍會有焦慮反應。

其因應策略：精神分析法。

Step：自由聯想→夢之解析→移情分析→抗拒→闡釋

只要能瞭解案主的潛意識，並加以解析以助案主瞭解其不當的焦慮原因。

二、學習論

Skinner認為焦慮是個體經由不當制約而形成的不當反應，其因應策略：反制約作用、系統脫敏法。

Step：先確定焦慮階段→實施放鬆訓練→在想像中試驗→在現實中印證。

目的是指將引起焦慮的刺激淡化，使個體對該刺激的敏感性降低，將個體在各種情況下所產生的焦慮反應，依最弱到最強的訓序加以排列，在每個焦慮之中利用放鬆反應代替。

三、認知論

是指個體對焦慮情境的認知，每個個體對引起焦慮反應的情境的認知並不相同。其因應策略：Ellis的理情治療法。

Step：A⇒B⇒C　A：Activating Event　D：Disputing

　　　　⇑　　　B：Belief　　　　　E：Effect

　　　D⇒E　　C：Consequence

其目的在使個體對焦慮情緒正確認知，改變個案不合理的信念、行為與情緒，期個案能健康成長。

✍ 試題3：

彌來心理學家偏向以「折衷取向治療法」即採取各心理學派方法之長，綜合使用，藉以收到更佳的治療效果，請就最常用的三至五派折衷取向治療法介紹之，並註明其兼採的心理學派為何？　　　　　　　　　　　　　　　　〔成大87〕

✎ 解：

一、一般諮商技術：Gereard Egan融和許多學派所提出的折衷治療法，其中包括認知學派、人本主義學派和行為學派之治療法，其技術要點如下：

(一)協助前階段：關係建立，專注傾聽為諮商技術。

(二)第一階段：自我探索，初層次同理心為諮商技術。

(三)第二階段：自我瞭解，高層次同理心為諮商技術。

(四)第三階段：行動計畫，角色扮演和行為改變技術。

二、現實治療法：Glasser對人性的基本看法是，人類有兩種最基本的需求，一是愛人與被愛的需求，另一是自我價值與被人接受的需求，RT的基本取向是協助當事人認識

自己的生活現實，並教導當事人運用合宜的手段去達成目的，其中除了認知學派，還包括了行為學派的治療理念，要點如下：

(一)瞭解案主的需求。

(二)瞭解案主目前的狀況。

(三)要案主面對現實。

(四)和案主共擬改進計畫。

(五)讓案主自己承諾實踐。

(六)不容有任何藉口。

(七)要使案主產生真實行為，否則永不放棄。

三、認知行為改變技術：Meichenbaum發展出來的自我指導法，強調自我成長過程中，自我對話之重要性，其中包含了行為學派及認知學派的治療理念，認知行為改變技術是行為改變術的一種改進的新技術，早期的行為改變術，主要是根據行為論的學習原理，以外控的方式改變原有的習慣性行為，認知行為改變術是由個體以認知歷程去自我調適，從而達到改變某種不當行為的目的，其訓練過程如下：

(一)認知準備。

(二)技巧練習。

(三)應用訓練。

思考篇

 試題1：

BASICID 〔竹師88〕

 試題2：

學校恐懼症（School Phobia）。

試題3：

無條件的積極關注。 〔北師87〕

 試題4：

錯覺（Illusion）

幻覺（Hallucination）

妄想（Delusion） 〔彰師88〕

思考篇可參考本人所著——《心理學試題詳解》

第十二章　班級經營

班級經營

一、定義

　　班級經營（教室管理）是指在師生互動的教學活動中，教師對於學生學習行為的一切處理方式，包括消極地避免學生違規行為的發生與積極地培養學生遵守團體規範的習慣，藉以形成良好的教學環境（張春興）。

二、目的

(一)提昇教學效能
(二)培養學習者民主的精神
(三)達到社會化的功能
(四)滿足學生的情意需求
(五)提昇學習者的學習興趣

三、內涵

(一)行政面：座位安排、行事曆擬定等
(二)環境面：心理環境是指班級氣氛，而物理環境是指班級教室的地點、外觀和設備等。
(三)課程與教學面：課程設計、教學活動等
(四)偏差行為面

(五)常規面：訂定教室生活規則，明列違反的後果，以建立
　　　穩定的生活模式
(六)時間管理：分成教學時間的管理和學習時間的管理
(七)訊息處理：教師的語言溝通技巧和專業知識等
　＊Froyen: content, conduct, convention

四、有效班級經營的基礎

(一)建立良好的師生互動關係：Silberman

	學生行為	教師行為
討好型	高成就，高順從	互動多
冷淡型	不引人注意	互動少
關懷型	低成就，高順從	互動多
拒絕型	低成就，偏差者	互動多

(二)良好的親師關係
(三)認識學校與社區的歷史和發展
(四)熟悉學校各單位的措施

五、班級經營的實施原則
（Brophy & Evertson, 1976, Brophy & Good, 1986）

(一)讓學生瞭解教師隨時洞悉（Withitness）教室內的一切情
　　　況
(二)教師具備同時兼顧處理不同事情的能力
(三)能使分段教學活動運作順利
(四)能始終維持全班學生參與學習活動
(五)能營造生動活潑多樣化的教學情境
(六)責罰某一學生時避免產生漣漪效應

六、學生問題行為的處理（參考第十一章）

(一)常見類型

1. 偷竊
2. 說謊
3. 不交作業
4. 逃學
5. 不遵守秩序
6. 抽煙
7. 兩性問題
8. 暴力行為
9. 學生學習動機低落

(二)成因

1. 兒童出現問題行為的原因（Adler）

(1)尋求注意

(2)尋求權力

(3)尋求報復

(4)不適應或學得的無助感

2. 青少年出現問題行為的原因（參考第二章）

(1)身心發展失衡

(2)升學壓力

(3)價值觀的偏差

(4)家庭問題

(5)社會因素……

(三)處理模式

1. 行為取向（參考第十一章）

～個人後效強化

～團體後效強化

2.認知取向

　～Glasser的RT

　⑴基本概念

　　a.外顯行為是內在需求的表徵

　　b.外顯示為改變是進步的標準

　　c.重視現在及未來而不追究既往

　　d.強調當事人的自我負責

　⑵實施原則

　　a.瞭解學習者的需求

　　b.讓學生瞭解他正在做什麼

　　c.讓學生瞭解行為的後果

　　d.師生約定行為改變計畫

　　e.讓學生許下行為改變計畫的承諾

　　f.不容許任何藉口

　　g.不懲罰

　　h.教師永不放棄

　～Ellis的RET

3.人本取向

　～Roger的Client-Centered Therapy（參考第十一章）

　　掌握真實經驗→找回信心→建立價值觀→獲得自我
　　成長

　～Thomas Gorden的Teacher Effective Training, TET

　⑴積極傾聽學生所說的一切

　⑵確定問題性質

　　教師的問題，學生的問題，師生共有的問題

　⑶學生的問題

　　採用Rogers的Client-Centered Therapy

　⑷教師的問題

採用I-Message

　其特徵為：教師客觀陳述，提出具體事實，教師說
　出感受
(5)師生共同的問題

　採雙贏策略，即由學生主動提出解決問題的建議，
　並自願負起解決問題的責任

4.折衷取向

例題篇

 試題1：

班級經營是教師……
一、試述如何以雙贏方式來解決師生衝突？
二、說明你運用了哪些教育心理學的原理？

〔北師大88，87〕

 解：

一、教師效能訓練（TET）是美國教育心理學家格爾頓
（Gordon）在1974年首先採用的。Gordon建議教師們採
用TET處理教室經驗問題時，宜採用以下幾個步驟：

(一)具備積極聆聽的技巧。

(二)確定問題的不同性質。

(三)採積極聆聽策略處理學生問題。

(四)採聽我說策略處理教師的問題。

(五)採雙贏策略處理師生共有的問題。

　　分析雙贏策略可以發現採用雙贏方式解決師生間衝
突時，包括以下幾點步驟：

1.先採用聽我說策略，由教師向學生說明學生的行
為已形成了教師教學上的困難。

2.繼而採用積極聆聽策略，讓學生體會到教師已完
全瞭解他的實際困難。

3.最後採雙贏策略，讓學生主動提出解決問題的建議，並自願負起解決問題的責任。

二、(一)行為主義取向

行為主義心理學推論，學生在教室內所表現的一切行為，都是以往受環境因素的影響所形成的習慣，而對習慣形成的歷程，則採用後效強化原則來解釋，因此，教師在教室管理中的角色任務，就是設置教學情境，善用獎勵與懲罰，從而建立學生遵守規範的習慣，並矯正學生的違規行為。

(二)人本主義取向

以人本心理學家羅杰斯的學生中心教育理念與當事人中心治療法，來看班級經營問題，可得到以下推論：

1.學生本身具有自我成長的能力，只要學校教育環境良好，不需刻意對學生實施管教，他就會自動自發地健康發展。

2.學生所發現的一切行為，並非只是被動地由外在刺激所引起，而是出自他主動自願的選擇性反應。

3.學生的本性是善良的，他之所以有時在行為上表現失當，乃是由於他不瞭解自己行為會產生不良後果所致。

思考篇

 試題1：

請列舉二種常見的學生偏差行為，並說明其輔導策略。

〔竹師85〕

 試題2：

漣漪效應（Ripple Effect）

〔台灣師大87〕

✍ 試題3：

以下為一則小故事，刊載於88年4月15日聯合報第36版：

二十一年前，當時僅十四歲的我，因為一時無知，以致於犯下是以記大過的錯誤；時至今日，當時情景仍歷歷在目。

國中二年級上學期期末考結束的第二天，幾個同學相約到學校打球。我第一個到校，遂四處閒逛，走到教師辦公室前時，看到門開著，加上四下無人，惦記數學成績並不理想的我，順手將門一推，快步走到級任教師的辦公桌前，將自己的考卷抽出來，接著更正錯誤的答案……

請問：

1. 當時這位學生的行為屬於Kohlberg道德發展論的哪一階段？為什麼？（5％）

2. 若您是該級任老師，發現了上述事實，將如何處理？（20％）

   (1)請分別根據人本主義及行為主義說明可採取的處理方法。

   (2)綜合上述二主義的理念及您的看法，請做出最適切的處理。

〔彰師88〕

 思考篇可參考本人所著──《心理學試題詳解》

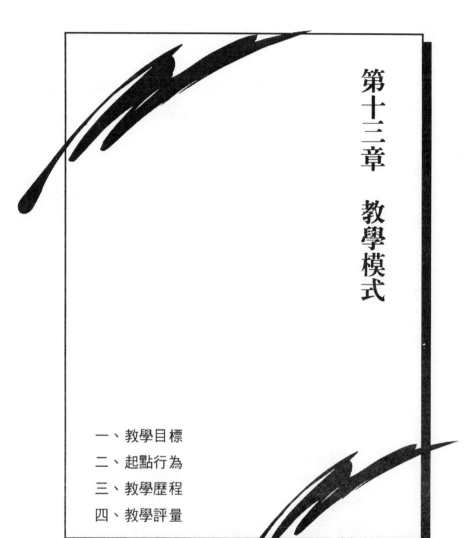

第十三章　教學模式

教學模式

Kibler提出General Model of Instruction（GMI一般教學模式）

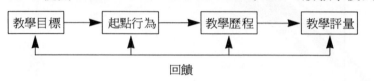

為達「有效能教學」和「有意義學習」需兼顧此四種歷程，今詳述如下：

一、教學目標

(一)Bloom的行為目標法

～認知領域

知識：1.對特定事物記憶的知識

2.對程序性記憶的知識

3.能憑記憶表達概念的知識

理解：1.能用不同說法表達同一概念

2.能加以變化

3.對事物間關係做邏輯說明

應用：學以致用

分析：1.要素分析

2.關係分析

3.原則分析

綜合：1.用自己的語言或文字表達

2.能提出計畫

3.抽象思考

判斷：1.內在證據

2.外在標準

～情意領域

接受（注意）：1.覺知情境的存在

2.主動接受

3.有意地注意

反應：1.默從性反應

2.自願性反應

3.滿足性反應

評價：1.價值的接受

2.價值的肯定

3.價值的實踐

組織：1.價值概念化

2.組成價值系統

品格：1.一般心向

2.品格形成

～技能領域

知覺作用：1.區辨

2.選擇線索

3.動作轉換

心向作用：1.心理傾向

2.動作傾向

3.情緒傾向

引導反應：1.跟隨模仿

2.嘗試錯誤

機械反應

複雜反應：1.動作定位

2.自動作業

技能調適

創作表現

(二)Gagne'的工作分析法

～語文知識：1.基礎單字、詞

2.陳述性知識

3.複雜知識

～認知策略：1.記憶策略

2.組織知識的策略

3.後設認知策略

～心智技能：1.辨別

2.概念（基本概念v.s.定義概念）

3.原則

4.問題解決

～動作技能：1.知覺痕跡

2.結果知悉

～情意

(三)Mayer的認知分析法

～語意性知識

～程序性知識

～策略性知識

二、起點行為

(一)先備知識、經驗和技能（參考第四、五、六章）

(二)身心發展狀況（參考第二章）

(三)個別差異：

```
┌1.智力因素的差異
└2.非智力因素的差異
    ⑴性別
    ⑵人格
    ⑶預備度
    ⑷學習型態（Learning Type）
        ～學生在變動環境中從事學習活動時，經由知覺記
        憶和思維等心理歷程，在外顯行為上表現出帶有
        「認知」、「情意」和「生理」等三方面的習慣
        性特徵
```

三、教學歷程

(一)教師行為
　　～教學時間分配
　　　善用教學時間
　　　掌握學生專心學習時間
　　　提供學生課業學習時間
　　～師生互動
　　～教師回饋／教師期望
　　～教師班級經營的能力（參考第十二章）
(二)教學要件（參考第四章）
　　～Gagne'
　　　引起學生注意
　　　　↓
　　　提示教學目標
　　　　↓
　　　喚起舊有經驗

$$\downarrow$$

提供教材內容

$$\downarrow$$

指導學生學習

$$\downarrow$$

展現學習行為

$$\downarrow$$

適時給予回饋

$$\downarrow$$

學習評量

$$\downarrow$$

學後保留和遷移

(三)教學策略

～教師取向的教學策略（結合訊息處理理論、行為主義和Ausubel的講解式教學法）

以指導教學（Direct Instruction）或明示教學（Explicit Teaching）為代表，其步驟為：

1.以舊經驗為基礎引導新經驗

2.明確的講解教學內容

3.輔導學生做及時練習

4.從回饋中做錯誤校正

5.讓學生獨立完成作業

～學生取向的教學策略（結合人本主義和Bruner的啟發式教學法）

1.在教師引導下發現學習

2.在合作學習中追求新知

3.寓求知於活動的教學活動

(四)因材施教的教育模式

1. 編班方式：採能力編班（同質編班）或常態編班（異質編班）
2. 資源利用模式：根據學生長處實施教學
3. 補償模式：避免學生的短處，以其它方式進行
4. 治療模式：矯正學生的短處

四、教學評量

(一)定義：在學習目標指引下，使用各種評量工具或方法，以瞭解學生的學習過程是否達成最終學習目標。

(二)評量原則（余民寧，民86）
1. 依據教學目標，使用不同的評量工具或方法
2. 兼顧多重目標
3. 多元化方法或工具評量同一目標
4. 多次評量（勿一試定終身）
5. 重視反應歷程（重視學習者反應過程及變化）
6. 善用評量結果，以改善教學，促進教學目標達成

(三)種類
1. 根據實施時間的區別

時間	名稱	目的
教學前	準備性評量	為瞭解學生的起點行為
	（診斷性評量）	（為診斷學習者的目前狀況）
教學中	形成性評量	為瞭解學習者的學習進展
	診斷性評量	為瞭解學習者的學習困難處
教學後	統合性評量	為瞭解學習目標有無達成

診斷性、形成性、總結性評量之比較

比較項目	診斷性評量	形成性評量	總結性評量
功能	決定學生的成熟度、預備狀態、起點行為、與學習有關的性質，予以分組安置；診斷學習困難的原因。	提供學生進步回饋資料，指出教學單元結構上的缺陷，以便實施補救教學。	在某一教學單元、課程或學期之末，就學生們的學習成就進行評量，決定其成績的等第、及格與否。
時間	教學之初或學習困難之時。	教學進行中。	教學末。
評量重點	認知、情意、技能	認知	認知、技能、情意
工具種類	學前測驗、標準化成就測驗、診斷測驗、教師自編測驗、觀察和檢核表。	評定量表、作業及其共同訂正、口頭考問、實際演示、問題研討。	期末或教學單元結束時的考試。
行為目標行為樣本之選擇	必備的起點行為。	教學單元層次結構中所有相關的行為項目；教材細目、學習的動機、態度、方法、習慣等。	依教學目標和教材內容的相對重要性而擇定評量項目，使其有適當的比例分配。
評分	常模參照，標準參照。	標準參照	常模參照、標準參照。

2.根據判斷標準

比較項目	常模參照評量	標準參照評量
主要目的	學習成就的相互比較	精熟水準的考驗
記分制	等第制	傳統百分制
用途	安置編班	診斷補救教學

3.根據正式化程度

正式評量v.s.非正式評量

4.根據目的區分

傳統式評量v.s.變通式評量

(四)評量的發展趨勢

1.由行為主義為主，發展到認知學派的建構，甚至到情境學習

2.由傳統的紙筆測驗發展到真實評量、實作評量、卷宗評量等變通式的評量方式

3.由單次評量發展到多次評量

4.以衡量單一能力為主發展到多元化的能力為主

5.以團體的評量為主發展到個別的評量為主，即能符合個別差異的評量

＊Hunter的Teaching-Learning Model

例題篇

✍ 試題1：

試述教學的心理基礎，並說明促進「有效教學」（Effective Teaching）與「有意義學習」（Meaningful Learning）的可行途徑。　　　　　　　　　　　　　　　　　　　〔北師86〕

✎ 解：

一、教學的心理基礎
  (一)行為學派的學習理論
    1.Pavlov的古典制約。
    2.Thorndike Skinner的操作制約。
    3.Bandura的Social Learning
    4.教育意義。
  (二)認知學派的學習理論
    1.Kohler的in Sight Learing。
    2.Tolman的Sign Learing。
    3.Lewin的Field Theory。
    4.教育意義。
  (三)人本主義的學習理論
    1.Maslow的Need Hierarchy。
    2.Rogers的Student-Centered Education。
    3.教育意義。

(四)Motivation of Learning

　　1.行為學派。

　　2.認知學派。

　　3.人本主義。

二、促進「有效教學」及「有意義學習」的可行途徑

　　(一)掌握學習者的訊息處理歷程。

　　(二)符合個別差異。

　　(三)Gagne'的一般教學歷程。

✏️ **試題2：**

請說明評量在教學中的意義，並對教師提出具體的建議，以
使教學評量能達到最佳的教育效果。　　　　　〔東華85〕

✏️ **解：**

一、根據Glaser的一般教學模式可知教學評量是教學過程中
　　一項非常重要的步驟。

教學目標⇒起點行為⇒教學歷程⇒教學評量

　　評量對於教學目標、起點行為、教學歷程及教學評量本
　　身均提供回饋訊息，可為教師訂定或改進教學目標計畫
　　之參考，亦可為學校進行決策或擬定措施時之依據。教
　　師評量乃評量教學活動是否達到教學目標的一種過程，
　　評量的效能很廣，教師可利用各種測驗於教學之後，以
　　測量學生學習，是否已達到教學目標，或評定學生成績
　　以瞭解學習結果，但教師亦可應用教學評量於教學前，
　　評量學生起點及背景作為設計適當教學水準之依據，有
　　時也可應用教學評量於教學中，以診斷學生學習上困難
　　所在及強弱之處，作為調整或補救教學之參考，學者

Tenbrink以為：「評量乃獲得訊息，並用以形成判斷，以為決策依據之歷程」。

二、學者Campbell從多元智力論的觀點，提出教學評量五項原則，可供參考：

(一)評量應是多向度的。

(二)評量要捕捉不同時段的成長。

(三)評量要反應教學的訊息。

(四)正式與非正式評量同等重要。

(五)學生是主動的自我評量者。

 試題3：

為了使學生更有效率地學習，教師在教學之前可以運用哪些方法加以協助？請簡要說明可行的方法並以教育心理學的相關發現或原理，說明這些方法的理論基礎。　　〔中師87〕

✎ **解：**

根據Glaser所提出一般教學模式（General Model of Instruction），教學歷程包括：

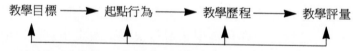

教學目標 ⟶ 起點行為 ⟶ 教學歷程 ⟶ 教學評量

因此，教師在教學之前的階段應先確定教學目標與學生的起點行為，以下說明二階段的理論基礎：

一、確定教學目標

(一)根據Bloom，將教學目標分為三大類：認知、情意、技能。

(二)根據Gagne'，將教學目標分為語文知識、認知策

略、心智技能與動作技能。

(三)根據認知分析法，可將教學目標視為培養學習者由生手成為專家，因生手對於事物具片段的概念而專家則具有完整的概念。

二、確定起點行為

(一)根據Piaget的認知發展論，他主張「自然預備狀態」。

(二)根據Vygotsky的ZPT理論，他主張「加速預備狀態」。

✍️ **試題4：**

學習類型。　　　　　　　　　　　〔北師大88、暨南84〕

✏️ **解：**

一、定義

所謂學習類型是學生在變化不拘的環境中從事學習活動時，經由其知覺記憶、思維等心理歷程，在外顯行為上所表現出帶有認知、情意、生理三種特質的習慣性特徵。

二、類型分為四大類

(一)物理環境的影響：聲音、光亮、溫度、座位。

(二)學生本身的情意需求：成就動機、堅持力、責任感、時序感。

(三)學生的社會性需求：團體參與、個人獨處、親密關係、小組合作、成人支持、對象不定。

(四)學生的身體特徵與生理需求：知覺偏好、飲食習慣、時間知覺、體能特徵。

✍ 試題5：

試就教育觀點，分析影響青少年學校學習與適應之非能力因素的個別差異？　　　　　　　　　　　　　〔暨南84〕

✏ 解：

在教育心理學上所謂的非能力因素個別差異概念中的「非能力因素」自然是指限於智力因素之外，且與學校教育效果有關的其他因素，換言之，除了學生的智力因素之外，另外還有些屬於非智力的其他因素，一般心理學家們公認，如採用學生的智商當做作預測其學業成就的指標，其預測效測度只能達到0.5左右，因此，要想在教育上真正達到因材施教的理想，即必須考慮影響學校教育效果的非能力因素，詳述如下：

(一)性別差異

　　1.傳統文化與教育的環境因素。

　　　⑴個人在社會化過程中學習到的性別角色與期待。

　　　⑵女老師人數多於男老師人數的現象之思考。

　　2.性別角色刻板化。

(二)性格差異

　　1.成就動機的個別差異

　　　⑴Dweck提出學習者對學習的態度分二種：

　　　　①學習目的：成就動機較高者會著重於學習的收穫。

　　　　②表現目的：成就動機較高者會著重於他人的讚賞。

　　　⑵Domino提出學習者對教師的依賴程度分：

　　　　①獨立性成就：喜愛獨自作業。

　　　　②順從性成就：喜愛聽從指令。

③Weiner認為學生對學習成敗的態度分為：

    a.內控型：性格歸因，高成就動機。

    b.外控型：情境歸因，低成就動機。

2.自我觀念的個別差異：個人對自己多方面的綜合看法。

  ⑴自我觀念與學業成就具正相關。

  ⑵積極的自我評價，會產生自我悅納，進一步擁有自我價值感，而消極的自我評價，會使自己無法接納自己而產生了自卑感。

3.學習動機的個別差異

  ⑴Cronbach & Snow提出

    防衛動機：焦慮水準。

    建構動機：成就動機。

  ⑵Yerkes-Dodson Law澄清了焦慮水準，作業難度，績效表現三者之關係，隨工作難度增加，一個高焦慮水準者，績效反下降。

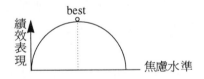

(三)認知類型的個別差異

  認知類型等於認知風格，是指學習者將所喜愛的訊息，處理方式表現於外在行為的習慣性特徵。

  1.Jung將認知風格分四類：

    ⑴感覺型

    ⑵直覺型

    ⑶思維型

    ⑷情感型

  2.Witkin認知類型之父提出：

(1)場地獨立型：不受場地刺激變動的影響，偏理性。

(2)場地依賴型：受場地刺激變動的影響，偏感性。

3.概念速度：指個體對事物認知時，根據自己的瞭解，形成概念並做出反應的速度。

Kogan提出：

(1)衝動型學生：反應快，錯誤多。

(2)沈思型：學習成就較優。

4.Pask & Scott提出：

(1)系列型學生：記憶訊息使用列單方式，且只注意低階關係。

(2)整體型學生：記憶訊息使用整體方式，且注意到高階關係。

(四)學習類型的個別差異

◎Keefe

學習類型是指學生在變化不拘的環境中從事學習活動時，經由其知覺、記憶、思維等心理歷程，在外顯行為上表現出帶有認知、情意、生理三種性質的習慣性特徵。

◎學者Dunn & Dunn分學習類型為四大類：

1.環境面：聲音、光亮、溫度、座位、習慣不同者對環境有不同的需求。

2.情意面：成就動機、堅持力、責任感、時序感，每個人心理狀態不同。

3.社會面：團體參與、個人獨處、親密關係、小組合作、成人支持、對象不定。

4.生理面：知覺偏好、飲食習慣、時間知覺、體能特徵，每人生理需求的差異。

試題6：

形成式評量（Formative Evaluation）。　　　　　　〔嘉師87〕

 解：

一、在教學歷程的教學評鑑中，依評鑑的功能或用途可分為
　　形成性評量與總結性評量。
二、形成性評量是在教學前或教學中進行與教學後進行的總
　　結性評量不同。
三、形成性評量的目的有二：
　　(一)教師教學計畫之依據。
　　(二)教師可確定學習者學習的程序，提供教師修正教學
　　　　方法與進度的回饋。
四、雖然各種教學評鑑各有其用途，但因形成性評量可以提
　　供修正教師教學與學生學習的依據，有助於學生獲得最
　　佳的學習成效，因此，教師應特別重視形成性評量所遞
　　出的訊息。

思考篇

 試題1：

另類評量（Alternative Assessment）。
〔東師88、市北88、嘉師88、花師87〕

 試題2：

真實評量（Authentic Assessment）。 〔南師88〕

試題3：

認知風格（Cognitive Style）　　　　〔國北師88、北師87〕

 試題4：

場地依賴性（Field Dependency）v.s.場地依賴性（Field Independency）。　　　　〔高師大成教88、嘉師86〕

✍️ **試題5：**

工作分析（Tesk Analysis Approach）。　　　　　〔彰師88〕

✍️ **試題6：**

實作評量（Performance Assessment）

〔中山88、政大88、北師87〕

試題7：

知覺痕跡。 〔南師85〕

 試題8：

學習類型Learning Style。 〔北師87〕

✍️ 試題9：

　動態性評量（Dynamic Assessment） 〔高師大88〕

✍️ 試題10：

　檔案評量（Portfolio Assessment）

〔高師大資教88、政大88〕

試題11：

批判性思考（Oritical Thinking）。　　　　　〔中山88〕

試題12：

九年一貫課程。　　　　　〔南華88、東師88、彰師88〕

 思考篇可參考本人所著──《心理學試題詳解》

第十四章　社會心理學

社會心理學

一、定義

採用科學的方法,研究人與人之間相互依賴(Interdependence)、互動(Interaction)及影響(Influence)的過程。而個體的行為即是個體內在心理狀態和外在環境交互作用的結果(Lewin:B＝F(PXE))。

二、社會知覺

社會知覺＝人際知覺(Person Perception)＝社會認知:人對人的知覺,對人的特性形成判斷的過程。

(一)印象形成Impression Formation

～對一個具體對象形成特殊的判斷,例如
＊第一印象First Formation源於初始效應
1.印象形成的主要訊息來源
  (1)情境Shared Expectation:氣氛、場地特性等
  (2)目標人物Target Person:目標對象的相貌因素和性格因素
  (3)觀察者Observer:價值觀、經驗等。
2.印象形成的過程,累加的與平均的形象形成
  (1)累加的模式Additive Model

(2)加權平均模式Weighted Averaging Model

＊刻板印象Stereotype

～過度類化的印象，例如：女人一定是細心的

＊月暈效果Halo Effect

～以偏概全的現象，例如成績好的學生，在各方面一
定表現卓越

(二)社會知覺的歸因

歸因：人對別人或自己所表現的行為（或一件事的發生）
就其主觀的感覺與經驗對該行為原因予以解釋的
心理歷程，Heider提出性格歸因和情境歸因

1.根據單元線索推斷行為原因

(1)擴大原則Augmentation Principle：
個體的行為越不利於他自己，則越易被歸因於性格
因素

(2)折扣原具Discounting Principle：
原先歸因的理由，因其它因素出現而大打折扣

(3)非共同效果原則Principle of Noncommon Effect：
以非共同因素做為歸因理由

(4)利害關係Hedonic Relevance：
觀察者和目標人物的關係不同，會影響其歸因方式

2.根據多元線索推斷行為原因

Kelly，1971

(1)區別性Discriminative

(2)一致性Consistency

(3)共同性Consensus

歸因＼線索	區別性	共同性	一致性
性格	低	低	高
情境	高	高	高

三、人際關係

人際關係（Interpersonal Relation）：人與人交感互動時存在於人與人之間的關係。

(一)人際吸引（Interpersonal Attaction）的理由

1. 時空的接近性Proximity
2. 接納Acceptance
3. 態度相似性Similarity
   志同道合
4. 需求互補性Complementarity of Need System
   Ego-Ideal：Dominance支配性強-Submission順服性強
5. 性格與能力
6. 外在吸引力Physical Attractiveness
   ＊社交關係圖Sociogram

(二)愛情

Sternberg的愛情三元論
1. 動機：親密
2. 情緒：熱情
3. 認知：承諾

(三)人際衝突

1. Dollard et. al.率先提出挫折會引發攻擊

2.Zillman & Cantor則認為無端的挫折才會引起攻擊

3.Bandura提出攻擊是經由仿同和後效強化而來

四、社會影響

(一)角色與規範Role & Norm

1.角色Role＝社會角色Social Role

～成員在團體中所扮演的身分與任務

2.規範Norm＝社會規範Social Norm

～社會公認的角色行為標準

(二)從眾Conformity

Asch的實驗故意使其它人說出錯誤的答案，則受試者容易出現以假為真

(三)社會助長作用Social Facilitation

～個體在其它人在場的情境中所表現出的工作績效比單獨時較好

社會抑制作用Social Inhibition

～個體在其它人在場的情境中所表現出的工作績效比單獨時較差

(四)社會浪費Social Loafing

團體成員人數過多時易形成人力浪費，因為出現了責任分散的旁觀者效應（Bystander Effect）

(五)服從與順從Obedience

Milgram使用電擊糾正拼字的實驗，瞭解個體對於不當的命令會出現服從的現象

(六)集一思考，與團體極化現象Group Thinking v.s. Group Polarizatin Effect

五、態度

態度（Attitude）是指個人對人、事、物以及周圍世界，憑其認知及好惡所表現的一種相當持久一致的行為傾向。

(一)態度的成份

    1.認知成份Cognitive Component
    2.情感成份Affective Component
    3.行為成份Behaviour Component

(二)態度的形成與改變

    1.行為主義
    態度經由聯結、強化與模仿的過程而習得
    改變的過程

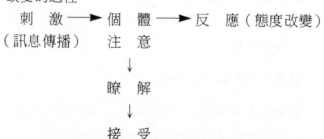

    2.社會判斷論Social Judgement Theory
    態度的改變需考慮訊息接收者的原來態度與傳播訊息

立場之差距

3.一致性理論Consistency Theory＝調和理論

個體在心理上有維持認知信念與態度體系均衡的需求

⑴平衡理論Blance Theory

Heider，1958

P：個體

O：認知或態度

X：另一對立的認知或態度

⑵認知失調論Cognitive Dissonance

Festinger

$$失調程度＝\frac{失調認知項目的數量×重要性}{協調認知項目的數量×重要性}$$

失調的結果：

a.改變認知或改變行為

b.酬賞～視酬賞而定

＊辛勞觀Efforf Justification＝若成果可觀，則努力是

值得的

4.自我知覺理論Self-Awareness

～態度的知覺來自對行為的觀察，以及行為發生時的

外在因素（Bem）

(三)如何改變態度

1.引發認知失調

2.訴之以理

訊息來源：可信度、權威性、用意

訊息的提供方式：Foot in the Door Effect～得寸進尺

Door on the Face Effect～以退為進

聽眾本身的態度：社會判斷論，聽眾自我涉入的程度

3.動之以情

六、利社會行為

助人行為（Helping Behavior）：助人而不求回報的行為。

(一)Helping Behavior並非是刺激所引起的立即反應，而是個人認知思考的歷程

(二)助人行為五步驟

注意事件的存在→產生個人認知→個人責任感的引發→個人的處理能力→助人行為的產生

例題篇

 試題1：

有人會助人，有人則否，試描述兩種心理歷程。〔中正85〕

解：

在社會行為中，凡是利人而不求回報的行為，均可稱為助人的行為，心理學家Darley以圖解的方式，在假設的危機發生需人救助的情境下，逐步分析影響個人助人行為的心理因素。

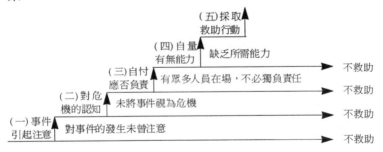

 試題2：

人的偏見能改變嗎？擇一理論支持你。〔中正85〕

解：

偏見是指不以客觀事實為根據所建立的對人、對事的態度，

此種態度內包括認知的成份較少，情感的成份較多，有偏見的人對人或對事評判時均持一種偏頗信念，無論事實真象如何，評判者總是認定那是壞的，人的偏見是可以加以改變的其方法為：(1)訴之以理；(2)動之以情。

思考篇可參考本人所著——《心理學試題詳解》

思考篇

 試題1：

社會認知（Social Cognition）。 〔北師85〕

 試題2：

過度辯護效應（Over Justification）。 〔北師87〕

試題3：

月暈效果（Halo Effect）。 〔高師大88〕

 試題4：

Milgram的實驗。

試題5：

刻板印象（Stereotype）。 〔高師大成教88〕

 試題6：

現在青少年的暴力事件層出不窮，若將暴力視為攻擊行為，請依據下述之心理學說，說明並評析其對攻擊行為之論點。（20分）

(1)生理與內分泌因素

(2)本能論

(3)挫折攻擊假說及其修正假說

(4)社會學習論

(5)社會訊息處理論 〔彰師88〕

教育心理學奪分寶典

編　　著／路珈

出　版　者／揚智文化事業股份有限公司

總　編　輯／孟　樊

登　記　證／局版北市業字第 1117 號

地　　　址／台北市新生南路三段 88 號 5 樓之 6

電　　　話／(02)2366-0309　2366-0313

傳　　　真／(02)2366-0310

E－mail　／tn605547@ms6.tisnet.net.tw

網　　　址／http://www.ycrc.com.tw

印　　　刷／偉勵彩色印刷股份有限公司

法律顧問／北辰著作權事務所　蕭雄淋律師

初版二刷／2000 年 9 月

　ＩＳＢＮ　／957-818-124-8

定　　　價／新台幣 350 元

南區總經銷／昱泓圖書有限公司

地　　　址／嘉義市通化四街 45 號

電　　　話／886-5-2311949　886-5-2311572

傳　　　真／886-5-2311002

郵政劃撥／14534976

帳　　　戶／揚智文化事業股份有限公司

國家圖書館出版品預行編目資料

教育心理學奪分寶典／路珈編著. -- 初版. --
臺北市：揚智文化，2000〔民 89〕
　　面；　　公分

ISBN　957-818-124-8（平裝）

1. 教育心理學

521　　　　　　　　　　　　　89004486